6·25전쟁의 트라우마

기억과 기록 2

6·25전쟁의 트라우마

해원과 화해를 위하여

박문수 지음

우리신학연구소

책을 내면서

2017년에 북한학을 시작했다. 늘 듣고 말하지만 정작 아는 게 거의 없는 북한에 대해 제대로 알고 싶어서였다. 북한을 공부하다 보면 한반도의 통일과 평화를 실현하는 방법을 찾을 수 있으리라는 기대도 있었다. 박사학위가 있는 사람은 입학시험 면제라는 조건도 마음을 편하게 했다. 이런 여러 조건이 맞아 북한대학원대학교에 입학해 북한 공부를 시작할 수 있었다.

나는 입학할 때 3년 안에 학위를 마치겠다는 목표를 세웠다. 논문에만 초점을 맞추면 그리 어려운 목표는 아닐 수 있을 것으로 생각했다. 처음은 순조로웠다. 그런데 학기를 거듭할수록 밑천이 드러나기 시작했다. 북한에 대해 아는 것이 거의 없는 상태에서 출발한 데다 생업을 병행하다 보니 공부할 시간이 부족했던 까닭이다. 무엇보다 학위논문 주제로 정한 '샌프란시스코 체제'는 동아시아 근현대 200년사에 대한 이해가 없으면 아예 손을 댈 수조차 없었다. 동아시아 근현대 200년사 더 정확히 말해 '동아시아 전쟁사'를 공부하다 보니 할 게 너무 많아 코스웍 기간이 그냥 지나버렸다. 논문은 언감생심이었다. 논문을 미뤄야겠다고 생각할 즈음 코로나 팬데믹이 터졌다. 코로나 팬데믹은 내겐 위기이자 기회였다. 봉쇄 조치로 예약된 강의와 일이 취소되면서 경제적 어려움이 찾아왔다. 위기였다. 여러 일로 절대 시간을 내기 어려웠는데 아무 일도 하지 못해 시간이 많아진 것은 기회였다. 힘들지만 이 시간을 기회로 여기기로 했다. 이렇게 생긴 금쪽같은 반년의 시간을 논문을 쓰는 데 바쳤다. 목표보다 한 학기가 더 걸리긴 했으나 결국 학위를 받았다.

공부를 시작할 무렵에는 평창 동계올림픽 덕에 남북 관계가 잘 풀릴 것처럼 보였다. 분위기가 좋으니 공부하는 게 즐거웠다. 끝나면 공부한 것을 활용할 기회가 늘어날 수 있으리라는 기대도 컸다. 안타깝게도 하노이 회담 실패로 남북 관계는 이후 최악으로 치달았다. 게다가 공부를 시작하기 전에는 낙관적이었던 통일관이 점차 비관적이 되기 시작했다. 북한에 대해서도 잘 알 수 있을 것 같았는데 점점 자신이 없어졌다. 학위를 하고 나서도 한동안 이런 상태였다.

그러던 중 우연히 6·25전쟁기에 있었던 민간인 학살에 대한 유튜브 콘텐츠를 보다가 이 주제에 관심이 동했다. 돌이켜보니 이 주제는 내 학위논문 후보이기도 했다. 그 어간에 대전에서 평화 운동을 하는 동기의 권고로 대전 산내 곤령골 유해 발굴 작업에 참여하게 되었다. 곤령골에 대하여는 유튜브에서 〈세상에서 가장 긴 무덤〉을 보시라. 작업 시간은 하루에 불과했지만 발굴 작업 때 본 무수한 뼈의 잔상이 일주일 동안 뇌리를 떠나지 않았다. 원인을 알 수 없는 몸살도 심하게 앓았다. 이 체험 이후 6·25전쟁 전후로 이렇게 죽은 이들에 대해 알고 싶은 생각이 간절해졌다. 그냥 연구만 하자니 동기부여가 잘될 것 같지 않아 정기적으로 글을 쓰면 좋겠다고 생각했다. 이런 생각으로 그달에 있던 《가톨릭평론》 편집위원회 때 운을 떼었다. 감사하게도 편집위원들이 받아주었다. 이렇게 시작한 칼럼이 '6·25전쟁 트라우마'였다.

북한학을 공부하면서 내가 제일 많이 알게 된 것이 '6·25전쟁'이었다. 그야말로 누구나 입에 달고 살지만 잘 모르는 전쟁이 '6·25'였다. 다들 전쟁 이름에 6·25가 붙어 전쟁이 발발한 날만 기억할 뿐 정작 전쟁 중에 무슨 일이 있었는지는 잘 모른다. 나도 그랬다. 처음에는 이런 현상이 나타나는 이유를 관심이 없어서라 생각했는데, 이 전쟁에 대해 알면 알수록 알고 싶지 않아서 그럴 것이라는 생각이 강해졌다. 무엇 때문일까? 아마도 이 전쟁을 떠올리면 무엇인가 건드려지는 것이 많기 때문이 아닐까 싶다.

만일 이 전쟁이 외세가 침략해 일어난 것이었다면 우리는 이 전쟁을 달리 기억했을 것이다. 설사 증오가 있어도 표출 방향은 외부였을 것이다. 그런데 이 전쟁은 내전(內戰) 성격이 강했다. 말 그대로 동족상잔의 성격이 짙었다. 그동안 쌓여 있던 민족 내 모순과 불만이 전쟁을 계기로 이웃 간에 표출된 것이기도 했다. 이 전쟁은 '마을로 간 전쟁'이 된 측면이 있었고, 그나마 마음으로는 같은 민족이라 생각하던 남북이 마음까지 절연하게 만든 불행한 사태였다.

이 전쟁은 지워지지 않는 육신의 상처뿐 아니라 깊은 마음의 상처도 남겼다. 한마디로 트라우마를 남겼다. 전쟁은 개인이 감당할 수 없는 폭력이 일상적으로 벌어지는 시간이자 공간이기에 그에 관여된 이들에게 트라우마를 남긴다. 이 트라우마는 자기 대에 그치지 않고 대를 물려 전수되는 속성이 있다. 인과 관계를 정확히 알 수 없지만 정신 외의 다른 영역에도 영향을 미치는 것으로 알려져 있다.

나는 12·3 내란을 통해 이 트라우마가 현재 진행형임을 확인했다. 6·25전쟁기 민간인 학살 피해 유족들이 비상계엄 소식을 듣고 두려움에 떠는 모습을 직접 목격했다. 5·18을 경험한 이들은 12·3 계엄 다음 날 서울에 오는 것을 두려워했다. 이들은 가슴이 떨렸다고 했다. 실제로 내란 주범 가운데 한 명이었던 노상원은 그의 수첩에 수거 대상 명단을 적어 놓지 않았던가? 6·25 희생자들을 겨냥한 것은 아니었지만 이들 내란 주도 세력은 언제든 조작을 해서라도 해코지할 수 있는 자들이었다. 연좌제 피해를 당했던 이들에게도 이 사건은 해프닝으로 넘겨버릴 일이 아니었다. 이처럼 전쟁 트라우마는 오늘날에도 생생히 살아 있다.

전쟁 중에 트라우마를 안게 된 상황은 다양했다. 평온한 일상을 유지하던 어느 날 북에서 포탄이 날아와 집과 가족을 산산조각 냈다. 인민군이 지나는 길에 있던 민간인들은 이유 없이 총탄을 맞았다. 마른하늘에 날벼락이었다. 피난을 떠났는데 미군이 그들을 향해 비행기에서 기총 소사를 했다. 분명 같은 편인데 자신들을 향해 총격을 가했다. 피난 길에는 시체가 널려 있었다. 피난 길에 편안한 잠자리는 상상할 수 없었다. 배고픔, 더위, 추위도 참기 어려웠다. 살기 위해 본능에 충실해야 했던 기억, 전쟁이 아니었다면 절대 하지 않았을 일을 했던 수치스러운 기억, 낯선 곳에서 살아남기 위해 했던 고생, 내가 살기 위해 남을 고발해야 했던 일, 국군과 미군에게 험한 꼴을 당한 기억 등이 트라우마를 안겼다. 어떤 이는 살아남기 위해 적에게 부역한 탓에 자신은 물론 가족, 친척이 목숨을 잃었다. 이들 가운데 운 좋게 살아남은 이들은 연좌제에 시달려야 했다. 강한 자는 강한 자대로 약한 자는 약한 자대로 힘에 대한 공포를 갖게 한 것이 6·25전쟁이었다.

이 트라우마는 개인한테는 물론이고 사회 전체에도 영향을 미쳤다. 지금까지 우리 사회에 남아 있는 반공·반북 정서, 미국에 대한 두려움이 변질되어 나타난 미국 숭배, 반북의 연장에 있는 반중 정서, 군사 독재 정당화 등이 대표적인 사례다. '모난 돌이 정 맞는다', '정권을 반대하는 일에 나섰다 골로 간다'는 말도 크게 보면 이 트라우마의 연장에 있는 것이다. 여기에 독재 정권이 저지른 국가 폭력은 이런 트라우마를 더 강화하였다.

6·25전쟁이 휴전으로 마무리된 지 70여 년이 지났다. 두 세대가 훨씬 더 지난 시간이다. 전쟁 트라우마는 시간이 흘러 자연스레 흐려지는 면이 있지만 그대로 전수되거나 더 깊어지는 면도 있다. 대형 참사나 이번 내란 사태 같은 일을 겪을 때다. 전쟁 당시 가해자들이 피해자 유족들 가슴에 대못을 박는 발언을 할 때, 겪지도 않은 젊은이들이 그 사태를 악의적으로 떠벌일 때도 더 깊어진다. 이런 말을 밥 먹듯 하는 극우들이 준동할 때는 생명의 위협까지 느낀다. 이제껏 봐왔듯이 이런 트라우마가 살아 있으면 민주화는 한없이 더디게 된다. 지역감정도 사라지지 않는다. 남북 화해는 언감생심이다. 그러니 이 트라우마의 치유 없이 평화와 통일을 기대하기 어렵다.

이 트라우마 치유의 첫 단계는 진실을 있는 그대로 드러내는 것이다. 국가주의, 이념에 물든 공식 기억을 정화하고 한 인간의 생명이라는 관점에서 사태와 피해자를 바라보는 것이다. 이렇게 바라볼 때 윤리적으로 잘못된 행위를 한 주체는 그가 개인이든 국가이든 피해 당사자에게 잘못을 인정하는 것이 치유의 출발이다. 힘을 가진 이들이 오염되고 착색된 기억으로 피해자를 억압하는 이제까지의 방식으로는 치유가 불가능하다. 그런데 현실은 어떠한가? 가해자들이 기억과 해석 권한을 독점하고 진실을 밝히는 작업을 방해하고 있지 않은가? 피해자들은 여전히 진실 규명의 첫 단계에 머물러 있다. 입구부터 막힌 상황이다. 그래서 누군가 대신 진실을 밝히고 말해주는 것이 필요하다. 달리 뭐를 보태주지 않더라도 있었던 일을 있는 그대로 기억하고 서술해주는 작업이 필요하다. 내가 이 글을 쓴 이유다.

이 책에서 나는 6·25전쟁이 개인과 집단, 사회 전체에 남긴 트라우마를 살펴보고자 했다. 더 큰 목적은 트라우마의 존재를 아는 데 그치지 않고 이를 치유하고 해결하는 방법을 찾아보는 데 있었다. 아쉽게도 능력이 부족해 이 목적을 달성할 수 없었다. 애초 계획했던 전쟁 트라우마 유형도 아직 다 살펴보지 못하였다. 그럼에도 그동안의 고민을 이 중간 결과물로 정리해 보고 싶었다. 다행히 그동안 연재한 글이 열다섯 편이 쌓여 이 책을 묶을 수 있었다.

이 책은 중간 보고서 성격이다. 반드시 2권에는 미뤄두었던 과제와 해결책에 대한 고민을 충분히 담아보리라 다짐해본다. 부디 이 책을 통해 미처 알지 못했던 6·25전쟁의 실상과 이 전쟁이 오늘날에도 어떻게 나와 우리 사회에 영향을 미치는지 확인할 수 있게 되기를 소망한다. 조금 더 욕심을 내보면 독자들이 이 책을 읽고 전쟁 중에 억울하게 희생되신 분들을 조금이라도 기억해줄 수 있으면 좋겠다.

2025년 5월에
마포 연구소에서

차례

책을 내면서 5

01 역사화된 기억과 강요된 망각   13
02 부역, 학살, 그리고 트라우마   24
03 6·25전쟁기 여성들의 곤경   38
04 전쟁 포로의 트라우마   47
05 기억되지 않는 죽음, 기억해야 할 죽음   59
06 강원도 북부 주민들의 분단 트라우마   72
07 6·25전쟁 중 탈영병   83
08 남은 자의 고통   95
09 개신교와 학살   109
10 천주교와 학살   122
11 적대 세력에 의한 희생   134
12 가해 트라우마   147
13 전쟁 중에 싹튼 인간애   162
14 평화지킴이 '진실화해평화'   174
15 기억 전쟁의 현장을 다녀오다   188

01
역사화된 기억과 강요된 망각

전쟁의 기억

내 고향에는 6·25전쟁에 얽힌 기억이 제법 많은 편이다. 서울 근교였던 데다 남한산성이 가까워 쌍방 간 교전(交戰)이 자주 있었던 곳이기 때문이다. 물론 어릴 때는 고향에서 그런 일이 일어난 줄 전혀 몰랐다. 아무도 말해주지 않았고 관심도 없었던 탓이다. 내 기억으로는 초등학교 고학년 시절이 처음 이런 일들에 대해 어렴풋하나마 알게 되었던 때 같다.

당시(1970년대 초) 나는 친구들과 남한산성에 자주 올라가곤 했다. 산성까지는 일제 강점기 때 건설한 신작로가 나 있어 오르기 편했다. 이 길을 따라 남문 근처에 이르면 여러 구비 골짜기가 나왔다. 세 번째 골짜기쯤에 이르면 다들 약속이나 한 듯 후다닥 뛰었다. 늘 그랬다. 그 골짜기에서 인골이 종종 나왔기 때문이다. 어른들 말로는 6·25 때 국군이 그곳에서 동네 사람들을 끌어다 총살했다고 한다. 자연 동굴이 있어 시체를 묻을 구덩이를 따로 팔 필요가 없어서였다고 한다. 무슨 사연인지 모르나 이후 아무도 시체를 찾아가지 않았다고 한다. 그렇게 세월이 흘러 육탈(肉脫)한 뼈들이 대충 덮은 흙 사이로 삐져나오기 시작했다. 비가 많이 올 때는 뼈들이 계곡물을 따라 신작로까지 쓸려 내려왔다. 어른들은 우리의 관심이 부담스러운 듯 이야기를 꺼렸다. 그저 귀신이 나올지 모르니 혼자나 늦게는 다니지 말라는 당부뿐이었다.

남한산성 서남쪽에는 지금은 위례 신도시가 생겨 잘 보이지 않지만 법수리산이 자리하고 있다. 수리가 날개를 편 형상이어서 이런 이름을 얻었다. 어릴 때 기억에 이곳에는 포탄 파편이 많았다. 동네 어른 가운데 일부가 고철을 주워 파는 일을 생업으로 삼았을 정도였다. 나이 들어 확인한 바로는 미군이 이 산을 넘어 남한산성으로 후퇴하던 중국군을 격파하기 위해 대규모 포격을 가한 흔적이라 한다. 고향 집 앞마당에 중국군이 주둔하였고 추울 때는 그들과 한 방에서 자기도 했다는 이야기도 들었다. 어머니는 이들이 해코지를 하지 않아 불쾌한 기억이 전혀 없었다고 하셨다. 오히려 순하고 착한 청년들이라 안쓰러웠을 정도라 하셨다. 중국군이 참전하여 이쪽까지 내려왔던 시기가 1951년 1월 초였으니 아마 1월 중순 즈음이었던 것 같다. 아무튼 미군의 포격으로 상당수 중국군이 이 산에서 희생되었다. 법수리산 말고도 남한산성 서남쪽 산록 일대에서 많은 중국군이 미군의 포격으로 사망했다고 한다. 내 기억에 없는 것으로 보아 이 산에서 죽은 중국군에 대한 조사는 전혀 이뤄지지 않은 것 같다.

북한학을 공부하면서 고향에 얽힌 전쟁 이야기도 많이 알게 되었다. 마침 역사를 전공한 후배의 도움으로 동네 어른들로부터 채록한 이야기들을 접할 수 있었다. 인민군이 진주한 뒤 마을에서 벌어진 일, 그 뒤 인천상륙작전 성공으로 국군이 다시 진주하면서 생긴 일, 다시 중국군과 인민군이 진주하면서 생긴 일 등은 왜 어른들이 이때 일들에 침묵하려 했는지 이유를 짐작할 수 있었다. 가해와 피해가 복잡하게 얽히고설켜 있었던 것이다. 이것이 전후 세대인 내가 고향에서 이어받은 전쟁의 기억이다.

모두가 말하지만 잘 모르는…

북한학을 공부하면서 6·25에 대한 남북의 집단적 기억, 참전했던 나라들의 기억까지 두루 접할 수 있었다. 이리 접하고 나니 6·25 전쟁이 다르게 보였다. 한마디로 늘 입에 달고 살지만 제대로 알지 못하는 전쟁이 6·25였다. 이 세계사적 사건의 당사자들치고는 무지에 가까운 기억이 아닐 수 없었다. 그런데도 이 전쟁의 기억은 지금도 살아 움직인다. 정확히는 모르지만 우리 무의식 안에 무언가 모르는 분노, 억울함, 적대감 또는 두려움으로 전쟁의 기억이 남아 있는 것 같다. 자극이 주어질 때마다 살아나니 말이다. 왜 이리되는 것일까? 왜 우리는 6·25를 제대로 기억하는 것을 두려워하는 것일까?

마침 프란치스코 교황이 회칙 「모든 형제들」에서 기억에 관해 이런 통찰을 제시하였다. "오늘날, 이제 오랜 세월이 지났으니 앞을 바라볼 필요가 있다고 말하며 역사의 페이지를 넘기려는 유혹에 빠지기 쉽습니다. 제발, 그러면 안 됩니다. 기억이 없으면 앞으로 나아갈 수 없고, 온전하고 명료한 기억이 없으면 성장이 없습니다."(「모든 형제들」 249항) 교황의 말대로 미래를 생각하며 과거의 일을 없었던 일로 하기엔 남북 모두 용납하기 어려워하는 면들이 많은 것 같다. 특히 자신을 피해자로 생각하는 이들의 입장에서는 모르는 척 '역사의 페이지'를 넘길 수는 없어 보인다. 그렇다고 따지고 밝히기도 쉽지 않다. 아마 앞으로도 오랜 세월 그럴지 모른다. 그럼에도 기억은 필요하다. 그것도 '온전하고 명료한' 기억이 필요하다. 그래야 용서든 화해든 하게 될 테니 말이다. 내가 6·25의 다른 기억들을 소환하려는 이유다.

지역·대상에 따라 달랐던 전쟁의 기억

6·25를 경험한 세대들의 기억은 공식 역사와 달리 다양하다. 전쟁 당시 어디에 있었는지에 따라, 그리고 그 시절 어떤 위치에 있었는가에 따라 다른 경험을 했기 때문이다.

강원도, 충청북도, 경상북도의 깊은 산골, 그리고 도서(島嶼) 지역에 살던 이들은 전쟁 소식을 아예 모르거나 소식은 들어 알고 있었지만 직접 피해를 당하지 않았다. 낙동강을 경계로 인민군과 대치했던 경북, 대구, 경남, 부산 지역에서도 늘어난 피난민 탓에 겪은 불편을 제외하곤 인민군에 얽힌 기억이 적거나 없었다. 나머지 지역은 38선을 경계로 승자가 여러 번 바뀌었던 지역과 한 번밖에 바뀌지 않은 지역 간에 차이가 컸다. 6·25전쟁은 역대 다른 전쟁과 달리 38선을 경계로 전선이 여러 번 오르내리면서 주인이 여러 번 바뀌어 피해가 컸다. 이는 군인보다 민간인 사상자가 많았던 이유이기도 하다. 내 고향도 그런 경우에 속한다.

전쟁 당시 군인, 경찰, 공무원과 그들 가족의 기억과 흔히 말하는 민간인의 기억은 달랐다. 민간인의 경우에도 인민군, 지역 인민위원회와 어떤 관계에 있었느냐에 따라 기억이 달랐다. 이 두 대립하는 층 어디에도 속하지 않은 경우는 가족 내에 어느 쪽으로부터든 피해를 입은 구성원이 있었는지 없었는지에 따라 기억이 달랐다. 가해자가 아군이었던 경우도 적지 않았는데 이들의 기억은 더 혼란스러웠다. 전쟁 전 보도연맹 사건으로 희생당한 경우도 20만 명이나 되었기에 이들을 가족으로 둔 이들의 기억도 단순할 수 없었다.

　실제 전쟁은 이토록 복잡한 양상을 띠었으나 공식 기억은 단순하다. '북한이 먼저 남침했고 모든 비극은 이 남침에서 비롯되었기에 모든 책임은 북한에 있다. 그래서 북한과 관련되어 발생한 사망자나 월북자는 전쟁이 아니었다면 일어나지 않았을 일이므로 이 또한 전적으로 북한의 책임이다. 전쟁 중 아군에 의한 피해도 발생했는데 이는 전시엔 피아를 구별하기 어렵고 설사 구별할 수 있었다 하더라도 비정상적인 상황이었기에 책임을 물을 수 없다. 그러니 자세히 알려 하지 말고 전쟁이 있었다는 사실, 그것도 모든 게 북한 탓이라는 사실만 알아두라.'

　정권에 따라 차이가 있긴 있지만 이 공식 기억의 힘은 지난 반세기 동안 유지돼온 반공 분위기 탓에 여전히 강력하다. 전후에 남한은 반공을, 북한은 반미를 국시(國是)로 삼으며 이 방향과 다른 기억을 억압하였다. 반공 투사들은 모든 전쟁의 기억을 자신들의 것으로 전유(專有)하고, 자신들의 공간만을 역사화하였다. 이 공간은 동상, 기념비, 기념관 등으로 채워졌다. 어떤 공간은 사실을 날조하기도 했다. 그리고 이 공간은 특정 날짜에 기념식, 순례를 통해 역사화되었다. 공간이 역사화되면 이는 공식 기억으로 편입되고, 이렇게 공식화된 기억은 주기적 기념을 통해 기정 사실화되었다. 사실이 아니어도 나중엔 사실이 되었던 것이다. 이런 기억의 전유를 냉전이 정당화했다. 이 때문에 다른 기억들은 설 자리가 없었다.

이처럼 공식 기억은 일부의 기억만 소재로 하기에 그 기억과 다른 무수한 기억들은 가려진다. 따라서 이 다른 기억들을 역사화하지 않으면 6·25의 실상을 제대로 이해할 수 없다. 프란치스코 교황의 말대로 "희생자들에 대한 기억을 일깨우고 보전하여 인류의 양심이 온갖 지배욕과 파괴욕에 더욱 강력히 맞설 수 있게"(「모든 형제들」 249항) 해야 하는데, 이런 작업을 하기 어려워지는 것이다.

주인이 여러 번 바뀐 지역 주민들의 기억

6·25전쟁은 다른 전쟁들과 달리 주인이 여러 번 바뀐 전쟁이었다. 특히 한반도의 허리에 해당하는 황해도, 경기도, 강원도가 그러했다. 1945년 8월 15일 남북이 38도선으로 분할 점령되면서 경기도와 강원도는 남북으로 분리되었다. 당시 개성이 우리 땅, 속초가 북한 땅이었다. 우리가 좋아하는 설악산도 당시엔 북에 속하였다. 현재처럼 서쪽은 38도선 이남으로 동쪽은 38선 이북으로 올라간 경계선은 1953년 7월 정전협정 당시 획정(劃定)된 것이다.

6·25전쟁의 전황을 시간순으로 살펴보면 주인이 여러 번 바뀌었다는 말의 의미가 분명해진다. 6·25전쟁이 발발한 지 보름 만에 경기도, 강원도 전역이 인민군 수중에 들어갔다. 한 달 정도 지났을

때는 낙동강을 경계로 경북의 남부와 대구 경남 부산 지역을 제외하고 남쪽 모든 지역이 인민군 수중에 들어갔다. 이때 남한 대부분 지역이 인민군 또는 인민위원회 관할 아래 있었다.

9월 15일 인천상륙작전이 성공하면서 허리가 잘린 인민군은 포로로 잡히거나 보급이 안 되는 상태에서 북으로 퇴각하였다. 미군이 주도하는 유엔군이 38선을 넘어 북상하여 10월 20일에 평양을 점령하였고 10월 말에는 일부 부대가 압록강 근처까지 올라갔다. 이로 인해 황해도를 포함한 경기도와 강원도의 주인이 바뀌었다.

11월부터는 중국군이 참전하기 시작했고 1951년 12월부터 공세를 시작해 1월 4일에 서울을 점령하고 경기, 강원 남부까지 진출했다. 이로써 한반도 허리 지역은 세 번째로 주인이 바뀌었다.

1951년 1월 말부터는 유엔군이 공세로 나서 서울을 재탈환하고, 3월 31일 중동부 전선에서는 38선을 넘어 북진했다. 이후 휴전 때까지 이 전선이 유지되었다. 한반도 허리 지역의 주인이 네 번째로 바뀌는 순간이었다.

공식 전사(戰史)는 이렇게 전황만을 기록하고 있다. 군인들의 기억이 역사를 전유하게 된 것이다. 그러나 이 주인이 바뀔 때 주민들에게 어떤 일이 일어났는지에 대하여 공식 기억은 침묵하고 있다. 따라서 내가 소환하고 싶은 것은 전사에 가려진 이들의 기억이다. 공식 기억이 침묵하고 싶어 하는, 아니 지워버리고 싶어 하는 기억들이다. 이해를 돕기 위해 이 지역의 기억 하나를 소개한다.

이천에 형제를 둔 할머니가 있었다. 큰아들은 전쟁 전에 경찰을 작은아들은 좌익 활동을 하였다. 형은 당시 좌익 활동을 하는 동네 청년들을 색출하는 일을 담당하였다. 체포된 청년들 가운데 상당수가 보도연맹 사건으로 전쟁 직전 목숨을 잃었다. 이 일로 자식과 가족을 잃은 집들과 화를 피한 지역 좌익들이 큰아들에게 앙심을 품었다. 동생은 혈육이라 화를 피했으나 형이 달갑지 않았다.

전쟁이 나 이 지역에 인민군이 진주하자 반대 상황이 벌어졌다. 이번엔 이 지역 좌익들이 경찰과 경찰 가족을 잡아다 고문하거나 죽였다. 전쟁 전에 피해를 당한 가족들의 보복도 잇따랐다. 이 집 큰아들은 아버지가 운영하는 제재소에 은신처를 마련하고 숨어 있었다. 동네 좌익들도 이를 알고 있었지만 눈감아주고 있었다. 그런데 동생은 자수를 시키는 것이 더 안전하다고 생각해 형을 신고했다. 지역 좌익들은 동료의 가족이라 처리가 난처하자 형을 다른 지역으로 보냈다. 연고가 없던 다른 지역 좌익들은 관용 없이 일주일 뒤 그의 형을 처형했다. 이 일로 할머니는 막내아들에 등을 돌렸다.

그러다 인천상륙작전이 성공하고 유엔군과 국군이 북진하면서 이천 지역이 다시 국군의 관할로 들어갔다. 국군의 진주와 함께 경찰도 복귀하면서 인민군에 협력한 부역자들을 색출하기 시작했다. 이때 동생이 동네 주민들의 신고로 붙잡혔다. 경찰도 지역 출신이라 동생을 살려주고 싶은 생각에 할머니에게 아들의 처리 여부를 물었다. 그런데 할머니는 형을 죽게 만든 놈은 인간도 아니라면서 그런 자식은 죽여 버리라고 처형을 요구했다. 이 일로 동생도 목숨을 잃었다.

할머니와 두 아들의 이야기는 여기서 끝나지만 이 동네의 비극은 끝나지 않았다. 다시 중국군이 밀고 내려오면서 이 동네가 다시 인민군 수중에 들어갔던 것이다. 이때부터는 반대로 보복이 이뤄졌다. 이후 전선이 다시 한번 북상하게 되었고 이때는 국군이 지배하면서 반대로 보복이 이뤄졌다.

내 고향에서도 이런 일이 일어났다. 이만큼 극단적이진 않았지만 주민 간 갈등의 골은 깊었다. 이때 생긴 골은 쉽사리 사라지지 않았다. 두 세대가 지나서 전쟁의 기억을 가진 어른들이 모두 사망하자 이 갈등이 사라졌다. 물론 이때 동네가 신도시로 개발되면서 주민들이 뿔뿔이 흩어진 탓도 있다.

한반도의 허리에 해당하는 지역에서 이런 일들이 널리 일어났다. 서울 시민도 당시 인구 146만 명 가운데 100만 명이 피난을 가지 못해 이런 일을 겪었다. 한반도 서쪽이 인구가 많은 지역이고 남북 모두 수도를 두고 있어 전략적 중요성이 컸던 탓에 전쟁이 치열했고 치열한 만큼 서로에 대한 보복과 응징도 심하였다.

전쟁 초기에는 인민군의 무력이 월등하였으므로 시민들 다수는 공산화를 필연으로 생각했다. 이때 이를 현실로 받아들이고 인민군에 협조한 이들은 서울이 수복되었을 때 국군과 경찰에게 보복을 당했다. 부역 혐의 때문에 처형당한 이들도 있지만 평소 고까웠던 사람들을 무고해 죽게 하는 일도 있었다. 그러면 피해 가족이 원한을 품고, 서울의 주인이 바뀌었을 때 보복했다. 이렇게 가해와 피해가 얽히고설킨 상태에서 전선이 교착 상태에 들어갔다. 이후엔 전선을 중심으로만 전투가 지속되었고, 그 외 지역은 하나의 권력으로 힘이 집중되었다. 이때부터 각 체제의 목표와 방향을 달리하는 기억들은 억압되었다. 지배적인 기억과 자신을 동일시하지 않으면 생존을 염려해야 하는 상황이 되었던 것이다.

기억 소환의 목표

프란치스코 교황은 "우리는 면책에 대하여 말하고 있는 것도 아닙니다. 정의는 오로지 정의 자체에 대한 사랑, 희생자에 대한 존중, 새로운 범죄의 예방, 공동선의 수호를 위한 적절한 방법으로만 추구됩니다. 정의는 개인적 분노의 표출로 추구되는 것이 아닙니다."(「모든 형제들」 252항) 내가 6·25전쟁 시기의 기억을 소환하는 이유를 교황이 이 말로 대변해주었다고 생각한다. 교황은 "잔인한 방법으로 많은 고통을 겪은 사람에게 일종의 '사회적 용서'를 요구해서는 안 된다."(「모든 형제들」 246항)는 점도 강조하였다. 기억을 소환하는 일이 어설픈 화해를 추구하거나 용서를 종용하는 일이 되어선 안 된다는 주문인 셈이다. 그렇다. 용서와 화해는 남들이 어쭙잖게 요구할 수 있는 일이 아니다.

북한대학원 동기 가운데 카이스트 출신 경영학도가 있다. 그는 대전에서 6·25전쟁 때 일어난 민간인 학살 소식을 듣고 자신의 길은 이들의 억울함을 밝히는 일이라 생각해 졸업 후 진로를 바꿨다. 그는 지금 당시 학살의 진상 규명, 유골 발굴, 보상 차원의 기념사업을 업으로 삼고 있다. 나의 고향에서도 이런 일이 있었다. 가족도 외면한 죽음, 아무도 기억하지 않는 죽음들이 많았다. 이들의 기억도 소중하니 해원(解冤) 목적이 아니더라도 기억해주는 일만으로도 의미가 있다고 생각한다.

전쟁은 수많은 이들을 광기에 휘말리게 만든다. 광기에 휘말렸던 이들은 자신이 저지른 일들을 망각이나 기억 저편에 영원히 묻어두고 싶을 것이다. 안타깝게도 기억은 그리 쉽게 지워지지 않는다.

정화되지 않으면 언젠가 깊은 잠에서 깨어난다. 따라서 기억의 소환은 불러내는 데 그치지 않고 정화가 필요하다. 그래야 다시 광기에 휘말리지 않는다. 기억의 소환은 여러 기억이 역사화되기 위해 싸우고 있어 '갈등'을 피할 수 없는 일이다. 그럼에도 이를 피하지 않고 "대화와 투명하고 성실하고 인내로운 협의를 통하여"(「모든 형제들」 244항) 갈등을 극복하는 작업을 할 때 용서와 화해의 실마리를 찾을 수 있다. 내가 하고 싶은 일이다.

02
부역, 학살, 그리고 트라우마

적군 묘지 앞에서

오호, 여기 줄지어 누워 있는 넋들은
눈도 감지 못하였겠구나
어제까지 너희의 목숨을 겨뉘
방아쇠를 당기던 우리의 그 손으로
썩어 문들어진 살덩이와 뼈를 추려
그래도 양지바른 두메를 골라
고이 파묻어 떼마저 입혔거니,

죽음은 이렇듯 미움보다도, 사랑보다도
더 너그러운 것이로다

이곳서 나와 너희의 넋들이
돌아가야 할 고향 땅은 삼십 리면

가로막히고, 무주공산(無主空山)의 적막만이
천만 근 나의 가슴을 억누르는데,

살아서는 너희가 나와
미움으로 맺혔건만,
이제는 오히려 너희의
풀지 못한 원한이
나의 바램 속에 깃들여 있도다

손에 닿을 듯한 봄 하늘에
구름은 무심히도
북(北)으로 흘러가고
어디서 울려오는 포성(砲聲) 몇 발,
나는 그만 이 은원(恩怨)의 무덤 앞에
목놓아 버린다.

구상 시인의 「초토(焦土)의 시 8편」이다. 휴전선 근처에 있던 북한군·중국군 묘지를 보고 지은 시로 추정된다. 적군 묘지는 말 그대로 적(敵)이었던 군인들의 유해를 묻은 곳이다. 6·25전쟁 직후 전국에 흩어져 있던 것을 1996년 7월 경기도 파주시 적성면 답곡리 산 55번지 한 곳에 모았다. 사망한 적군이라도 정중히 매장해 분묘를 만들어 존중해주어야 한다는 제네바 협정에 따라 우리 정부가 북한군, 중국군 유해를 모두 옮겨 조성했다. 의정부교구 민족화해위원회와 정의평화위원회는 매년 11월 첫째 주 금요일 이곳에서 위령미사

북한군 묘지(파주 적성 소재).

를 드리고 있다.

    나는 경기 북부 지역에 갈 일이 있을 때 이곳에 들르곤 한다. 전쟁의 비극이 다시 일어나지 않기를 바라는 마음에서, 또 당시 스무 살 안팎이었던 앳된 젊은이들의 죽음이 너무 안쓰러워 기도라도 바쳐주기 위해서다. 이 묘역에 묻혀 있는 북한군들은 모두가 무명(無名)이다. 전투가 치열해 군번줄을 챙길 '새가 없었을 수도, 이쪽에서 수습했으니 군이 챙길 필요가 없다고 보았을 수도 있다. 나는 처음 이곳에 묻힌 군인들이 모두 북한 지역 출신이라 생각했다. 구상 시인도 이들이 북한 지역 출신이라 생각해 "이곳서 나와 너희의 넋들이 돌아가야 할 고향 땅은 삼십 리면 가로막히고"라고 썼을 것이다. 그런데 공부를 하다 보니 이들이 북쪽 출신이 아닐 수 있다는 생각이 들었다. 다음과 같은 이유에서다.

징용

6·25전쟁 발발 당시 서울 인구는 144만 6,000명이었다. 이 가운데 40만 명이 서울이 인민군에게 점령당하기 전 남쪽으로 피난을 떠났다. 피난을 떠난 사람 가운데 80%가 북에서 월남한 사람이었고, 나머지 20%가 고위 공무원, 우익 정객, 자유주의자, 그리고 군인과 경찰의 가족이었다.[1] 인민군에게 붙잡히면 반동분자로 찍혀 처벌받을 가능성이 높은 이들이었다. 나머지 100여만 명의 시민이 서울에 남았다. 공무원, 경찰이 빠져나간 자리를 인민군과 새로운 인민정부 조직이 채웠다. 하루아침에 세상이 바뀐 것이다.

서울의 주인이 바뀌면서 서울 시민은 새 주인의 뜻을 따라야 했다. 이때 가장 먼저 곤경에 처한 이들은 피난을 가려 했으나 가지 못한 사람들 가운데 '반동분자'로 몰릴 가능성이 높은 이들이었다. 이

---

[1] 1945년 이후 북한의 '민주개혁'을 피해 월남한 사람들, 북한이 가장 크게 처벌한 대상인 친일 경력자, 군인과 경찰, 남한에서 일정한 지위를 가졌던 지배층이나 우파 지식인들이었다. 김동춘, 『전쟁과 사회』(돌베개, 2000), 97~98쪽.

들은 자수나 도피를 택해야 했다. 그다음으로 다급한 이들은 고등학생, 대학생, 30세 미만의 청년들이었다. 이들은 자의 반, 타의 반 인민군복을 입어야 했기 때문이다. 6·25전쟁 발발과 함께 처음 남쪽으로 내려온 인민군 규모는 대략 25만 명 정도였다. 남한 전체를 장악하기에는 충분치 않은 숫자였다. 그래서 인민군은 점령 지역에 있던 청년들에게 사상교육을 통해 자원입대를 시키거나 다급하면 강제로 징용했다. 이때 상당수가 징용을 피하기 위해 서울을 몰래 벗어나거나 들키지 않을 만한 곳에 숨어 있었다. 이러한 일은 남한 내 인민군이 점령한 지역에서 광범위하게 일어났다.

이렇게 징용된 청년들은 대충 인민군복을 걸치고 무장 상태도 시원찮은 상태로 남진하는 인민군에 합류해야 했다. 아마 이들은 처음 인민군이 남한 전역을 쉽게 점령할 수 있으리라고 생각했을지 모른다. 전쟁 초기 인민군의 기세가 대단했으니 그리 생각했을 수 있다. 설사 그렇지 않더라도 그들이 달리 피할 방법은 없었다.

그런데 예상보다 국군과 유엔군의 저항이 거셌다. 이로 인해 전투 중 사망하는 젊은이들이 제법 생겼다. 게다가 미국이 주도하는 유엔군이 9월 15일 인천상륙작전에 성공하면서 남한 전역에 길게 포진돼 있던 인민군의 허리가 잘렸다. 이 일로 15만 명이 넘는 인민군이 포로가 되었고, 나머지는 북으로 퇴각하는 과정에서 전사하거나 부상당했다. 남한 주민들에게 해코지를 당해 죽은 경우도 있었다. 당시 이들의 퇴각을 경험한 남쪽 주민들 증언에 따르면 패잔병들 가운데는 앳된 소년이 적지 않았다고 한다.

이렇게 북으로 퇴각하였다 중국군 남하 시에 같이 내려온 이들 가운데 전사자가 나왔을 수 있고(경기도와 충청도 북부에서), 유엔군

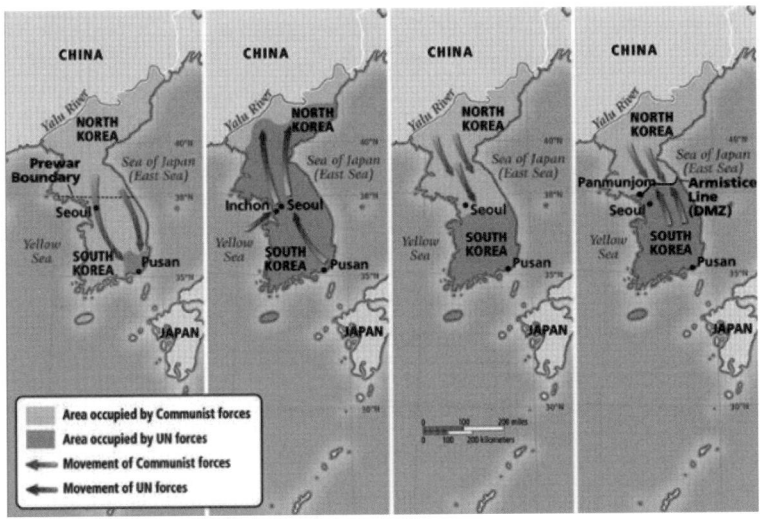

6·25전쟁 시 전선의 변화.

의 반격으로 전선이 다시 북으로 이동하는 과정에서 전사한 이들도 있었을 것이다. 인민군은 국군 포로들을 인민군에 편입시켜 전쟁을 수행하게 하였으니 국군 출신도 있을 수 있다. 이러한 사정이었기에 적군 묘지에 묻힌 이들이 모두 북한 출신은 아니라 할 수 있다.

반동분자 학살

인민군이 점령한 지역에서는 반동분자를 색출하는 작업이 진행되었다. 자수 권유도 동시에 진행되었는데 그 대상은 다음과 같았다. '도피 분자, 요언(妖言) 전파분자, 밀정, 파괴 분자, 과거 조선민주주의인민공화국 주권에 적대 되는 행동을 한 자, 무기 탄약을 소지한

자인데 기한 내 등록하지 않거나 납부하지 않은 자' 등이었다.[2] 이 가운데 북한을 반대하는 정당, 사회단체에 소속해서 활동한 자, 경찰, 고위 공무원 출신들은 체포 대상이었다. 다시 이 가운데 '반동정부기관 복무자, 반동정당 사회단체, 국군 및 반동경찰의 밀정, 미군 정보기관의 밀정, 이북 탐정원'은 처형 대상이었다. 이 바로 아래 단계가 숙청 대상이었다.

인민군은 처음 포용 정책을 펴 자수한 이들에게는 관용을 베풀 것이라 선전하였다. 자수자는 과거 죄과를 묻지 않고 용서해줄 것이라 약속하였다. 이 선전을 믿고 1950년 7월 13일 현재 10,103명이 자수했다. 자수자들은 모두 자수 청원서를 썼는데, 여기에 과거 행적과 죄과를 모두 밝혀야 했다.(내무장관 출신 김효석의 사례 참조) 이들 자수자들은 약속대로 신체적 위해를 당하진 않았으나 인민군에게 협조를 약속하고 그들 감시하에 지내야 했다.

내무장관 출신 김효석의 사례

조선인민보 보도 내용

"(그는) 내무장관으로 있으면서 경찰테러단을 결성하여 수많은 인민을 학살한 김효석이 자수를 하였다. 김효석은 1948.5.10.선거에서 경남 합천군 국회의원으로 당선 그러나 서울이 해방되자 인민의 원수 김효석은 자기의 죄악을 깨닫고 지난 6월 30일 밤 8시경 종로구 옥인동인민위원회를 찾아와 천인 공로할 자기 죄과에 대하여 눈물로 회개하면

---

[2] 연정은, 「북한의 남한 점령시기 '반동분자' 인식과 처리」, 서중석 외, 『전쟁 속의 또 다른 전쟁』(선인, 2014) 참조.

서 인민의 의사로 처벌해 달라고 자수하였다."

김효석이 자수한 후 방송한 내용
"저는 역도 이승만을 직접 보조하여 소위 내무장관으로서 금년 봄까지 인민을 학살하는 데 노력하고 그 후에도 반민족적인 길을 걸어온 반역 죄인이올시다. 저는 수많은 애국적 동포들을 검거 투옥 학살하고 조국과 민족을 팔아먹기 위한 가지가지 음모에 참가하였습니다."

《조선인민보》 1950.7.5.

자수를 거부하다 체포된 이들은 모진 고문을 당했고, 반동 행위 등급에 따라 재산 몰수, 감옥형, 처형 등의 처벌을 받았다. 이들 가운데 일부가 처형당했다. 인민군은 이렇게 '인민권력'에 저항하는 이들을 '반동분자'로 규정하고, 이들을 내부의 적으로 간주하여 등급에 따라 처벌하였다. 지방으로 갈수록 전쟁 전 좌익세력에 직접 폭력을 가한 자, 밀고자, 이를 시행하는 지휘·명령 계통에 있었던 이들까지 반동분자로 간주하여 고문하거나 처형하였다. 처음에는 처형자가 많지 않았다.

반동분자에 대한 본격 학살은 인천상륙작전으로 인민군이 퇴각하는 상황에서 벌어졌다. 김일성은 1950년 9월 27일 점령 지역에서 일시적인 전략적 후퇴를 명령하였다. 이 명령과 함께 인민군에 의해 남한 점령 지역 내 시·군 형무소, 내무서 유치장, 정치보위부 유치장에 감금돼 있던 이들이 학살당했다. 자수하여 집으로 돌아갔던 이들도 다시 체포되어 학살당했다. 대량 학살은 1950년 9월 26일에서 30일 사이에 집중되었다. 인민군에 의해 이뤄진 학살의 84.6%가 이 시기에 이뤄졌다. 학살이 이뤄진 범위도 전국적으로 광범위하였다.

점령 초기 인민재판도 반대 세력에겐 큰 공포였다. 실제 인민의 이름으로 반대자들에게 가해진 폭력은 공포 그 자체였다. 그래서 전쟁 초기 피난, 자수, 도피는 '반동분자'가 살아남기 위해 보일 수밖에 없었던 처절한 몸부림이었다.[3]

부역자[4] 학살

유엔군이 9월 북진하여 남한 지역이 다시 국군 수중에 들어오자, 이제는 국군과 경찰이 인민군에 부역한 이들을 학살하였다. 이 학살은 1950년 9월부터 시작해 중국군이 참전하여 서울 지역을 점령하는 1951년 1월까지 넉 달 동안 계속되었다.

당시 합동수사본부 부역처리방침에 따르면 다음에 해당하는 이들은 불문에 붙이거나 포섭 대상으로 간주하였다. ① 6·25전까지 선량한 자로서 자기 생명보호를 위해 부득이 소극적으로 협력한 자. ② 6·25전까지 선량한 자로서 소극적으로 공산 측에 추종했으나 군경, 공무원, 민족진영 지도자와 가족 등을 구조한 자. ③ 피동적으로

---

[3] 위의 책, 304쪽.
[4] "부역(附逆)이란 국가에 반역이 되는 일에 동조하거나 가담한 행위를 가리킨다." 이 용어는 인민군의 점령 아래 있던 서울 시민의 처리를 논의하는 가운데 처음 제기되었다. 그 이전에는 '이적(利敵)', '역도(逆徒)', '제5열'이라는 용어를 사용하였다. '반역분자', '공산분자', '가담 협력자'라는 용어도 쓰였는데 1950년 10월 들어 일제히 '부역자'로 통일되었다. 서중석 외, 『전쟁 속의 또 다른 전쟁』(선인, 2014), 130~140쪽 참조.

처형된 부역자들의 시체.

부역했으나 대한민국에 충성하여 협조한 실적이 있는 자, ④ 6·25 전까지 좌익에 가담한 사실이 없는 자 등이었다. 이렇게 경미한 대상을 골라낸 다음에는 한국전쟁 전에 좌익 활동을 했던 이들, 적극 협력했던 이들을 등급에 따라 처벌하였다.

미국 자료에서 확인한 부역자 처리 건수는 1950년 11월 8일 현재 17,721명이었고, 이들은 군법회의 회부 2,192명, 지방법원 이관 7,748명, 석방 7,588명이었다. 각 시도 경찰국에서 집계한 숫자(9월 28일~11월 13일)는 55,909명이었다. 이들 가운데 27,641명이 군법회의에 회부되었다. 1950년 12월 30일까지 검거된 부역자 숫자는 153,825명, 자수 397,090명으로 총 550,915명이었다.[5] 이들은 사형, 무기징역, 10년 이상의 징역형, 10년 이하의 징역형을 받거나 무죄로 석방되었다. 이때 사형을 당한 부역자의 숫자는 수천 명에 이를 것으로 추정되는데 정확한 숫자는 확인되지 않고 있다.

당시 학살 사건은 해외언론에도 보도되었는데 처음 보도된 사건이 '홍제리 처형언덕'이었다.

> 한국 경찰이 12월 16일 영국 29여단 기지 근처에서 34명의 죄수를 트럭에서 내리게 한 뒤 참호 앞에 무릎이 꿇려진 상태에서 총살했다. 두 명의 여성과 두 명의 아이(8세, 13세)가 포함된 것을 목격했다고 주장했다. 많은 영국군, 미군 병사들이 이를 목격했다. 기자들은 이 처형이 한국에서 일어나고 있는 여러 사건 중 하나라고 주장했다. 한 기자는 그들이 34명이 묻힌 장소에서 수백 명의 시체를 발견했다고 했으며 영국 군인들은 이 사건으로 매우 흥분한 것으로 보인다고 했다. 사건 다음 날 아침 영국 군인들은 또다시 죄수들을 데리고 나타난 한국 경찰들을 무장 해제시켰고 죄수들을 묻으려고 판 참호를 다시 덮으라고 명령했다.[6]

당시 홍제리에는 영국군 29여단이 주둔하고 있었는데, 영국군의 만류에도 경찰은 처형을 계속하였다. 이런 사정이 영국《런던타임스》10월 25일 자에 다음과 같이 보도되었다. "경찰과 애국조직은 한국 사법관할 지역에서 보복하고 한국군의 부역자에 대한 보복이 공산주의자가 저지른 잔학행위보다 못할 것이 없다. …… 남자와 여자들이 UN의 깃발 아래 공산주의자로 혹은 부역자로 죽거나 투옥

---

5 한국경찰사 편찬위원회, 『한국경찰사 1948.8~1961.5』(내무부치안국, 1973), 547쪽.
6 RG 358 Box 1〈NoGunRi File〉1820-00-00008.

되고" 있으며 여성, 아이들에게 잔인하고 부정의한 일들이 많이 일어나고 있다.

부역자로 처벌받은 사람들 가운데 여성들이 많았다. 이 이유에 대하여 이임하 박사는 첫째 피난 갈 때 남성들이 주로 몸을 피하고 여성들은 집에 남아 있었기 때문이고, 둘째 피난을 가지 않았더라도 남성들이 대개 숨어 있어 노동 동원과 대회 참가는 여성들의 몫이었기 때문이라 하였다.[7] 이 여성들의 죄명은 인민반장, 인민통장, 여성동맹 간부로 일하며 여맹 가입 권고, 양념과 놋그릇 등을 징발해 인민군에게 제공, 주민들 강제 노력 동원, 우익 인사 색출 협조 등이었다. 이들 가운데 40세 이상 여성들은 앞의 두 가지 이유로 남편들 대신 부득이 부역에 나설 수밖에 없었던 같다. 20세 전후 여성들도 많았는데 이들은 지식인이거나 사회주의에 동조한 이들이었다.

반동분자 처벌은 1950년 9월 말 끝났으나 부역자 처벌은 휴전 이후에도 계속되었다. 연좌제 때문이었다. 이로 인해 부역 경험자들은 이중의 고통을 두 세대에 걸쳐 당했다. 본인도 본인이려니와 자녀와 친척들에게도 불이익이 있었기 때문이다.

학살의 트라우마

내가 대학에 입학했을 때 어머니는 내게 이렇게 말씀하셨다. "학교 가면 데모하지 마라. 부득이 데모를 하게 되더라도 앞장은 서지

---

[7] 이임하, 「한국전쟁의 부역자 처벌」, 서중석 외, 『전쟁 속의 또 다른 전쟁』(선인, 2014), 165쪽.

마라. 주동은 절대 안 된다." 학교에 가보니 다른 친구들의 부모님도 다 그리 말씀하셨다고 했다. 졸업 후 군대를 가니 고참들이 뺑뺑이를 돌릴 때 너무 잘하지도 그렇다고 처지지도 말라고 했다. 일찍 달려 들어오면 "너만 살려고 그러느냐!"고 면박을 주고, 처지는 병사한테는 "너희 같은 고문관 때문에 인생이 힘들다"고 타박했다. 이 말이 처음엔 이해되지 않았다. 그러다 경험이 반복되다 보니 '중간'이 늘 다수가 속해 있는 곳이라 '보상은 작아도 안전하다'는 것을 깨닫게 되었다. 설사 벌을 받는 경우도 숫자가 많으면 감해주거나 무효화되었다. 친일도 부역도 정도가 큰 사람이 처벌을 당했지 어쩔 수 없이 살기 위해 굴종한 다수는 대충 넘어갔다. 전후 일본, 독일, 프랑스가 그랬다. 그래서 일단 그 방향이 옳은 것이든 그른 것이든 중간에 서는 게 중요하다. 얼마나 서글픈 일인가! 아마도 이 서글픈 지혜는 길게는 왕조시대, 짧게는 일제 강점기부터의 영향이었을 것이다. 명분이야 어떻든 나서면 험한 꼴을 당하는 경험을 많이 하다 보니 이런 서글픈 생존의 지혜를 터득했을 것이다.

6·25전쟁은 3년 1개월 동안 진행되었다. 이 기간 가운데 학살은 대부분 1950년 7월에서 1951년 1월까지 반년 사이에 일어났다. 6월부터 9월까지는 인민군이, 9월 말부터 1월까지는 국군이 학살을 주도했다. 6·25 직전에는 남북이 각자 독립국가를 수립하는 과정에서 반대자들을 학살하였다. 6·25 직전 남한에서 보도연맹 사건으로 20만여 명 가까이 학살당한 것을 포함해 남북을 합할 경우 40여만 명 가까이 학살당했다. 이유가 있어 죽임을 당하는 것도 억울한데 영문도 모르고 죽은 이들이 적지 않으니 어찌 억울하지 않을까?

이들의 죽음은 그들의 가족은 물론 이를 지켜본 다른 이들에게도 트라우마로 남았다. 그로 인해 남한사회에서 부역이 친일보다 더 나쁘게 인식되었다. 방대한 부역자 규모, 그들과 연결된 연좌제가 이를 더 강화하였다. 극우반공체제가 공고하게 유지되고 여전히 영향을 행사하는 것도 이 무의식에 잠재된 공포의 경험 때문이리라.

03

6·25전쟁기 여성들의 곤경

전쟁은 남자들의 세상이다. 그렇다고 모든 남자가 전쟁에서 주인이 되는 것은 아니다. 전쟁에 동원할 수 없는 남자는 자격이 없다. 우리 사회에서라면 하시라도 군대에 끌고 갈 수 있는 10대 후반에서 20대 청년이 일차 주역이 될 것이다. 예비군은 2차, 민방위대는 3차 주역 정도가 될 것이다.

전쟁이 시작되면 모든 무력은 군대로 집중된다. 그리고 이 군대에 살인 면허가 부여된다. 이렇게 부여된 살인 면허는 전쟁 중에 방향을 가리지 않고 사용된다. 피아 식별이 쉽지 않은 전면전에서는 이런 양상이 더 극적으로 드러난다. 신기철 선생이 쓴 『전쟁의 그늘』에는 6·25전쟁 때 있었던 이런 사례들로 가

신기철, 『전쟁의 그늘』(인권평화연구소, 2020).

득하다.

이런 상황에서 여성들은 어떤 처지에 놓일까? 특히 전선(戰線)이 고착되지 않고 서로 밀고 밀리는 치열한 전투에서. 그것도 같은 땅에서 주인이 여러 번 바뀐 전투에서. 앞 장에서 전쟁 초기 주인이 번갈아 바뀐 세상에서 여성들이 당한 고난을 살펴보았다. 특히 여성이 더 많이 죽임을 당했던 이유를 찾아보았다. 여기서는 이를 이어 여성들이 겪었던 다른 고난의 사례들을 살펴본다.

흔했던 성폭행

제2차 세계대전 때 추축국의 일원이었던 독일의 수백만 여성들은 패전 후 독일 지역에 진주한 연합군과 소련군에게 성폭행당했다. 전쟁 중에는 자국 여성들에게도 보장하지 않는 인권을 패전국 여성들에게 보장할 리 만무했던 까닭이다. 이때 많은 독일 남성은 자신이 살아남기 위해 자신의 아내를 점령군에게 노리개로 내주었다. 이런 일이 패전한 독일에서만 일어났던 것은 아니다. 이는 전쟁에서 보편적인 모습이었다. 그러면 6·25전쟁 때는 어떠했을까?

유엔군의 인천상륙작전이 성공하고 이로 인해 보급선이 끊긴 인민군은 포로가 되거나 북으로 퇴각하였다. 이때 유엔군과 국군은 38선 이북으로 진군하는 부대와 남쪽에서부터 잔적(殘敵)을 소탕하며 북상하는 부대로 나뉘어 임무를 수행하였다. 성폭행은 주로 잔적을 소탕하는 임무를 맡았던 부대의 군인들이 자행했다. 유엔군의 주축이었던 미군도 예외가 아니었다. 이들은 북상하며 남아 있던 인민군과 전투를 벌였다는데 실제로는 인민군 점령 시기에 인민군에 부역했던 주민들을 학살하는 일을 주 임무로 하였다. 알려진 바에 따르면 이런 학살이 무공(武功)의 사례로 둔갑한 경우가 허다했다.

    이 부대들이 주둔하는 지역에서 잔적 소탕을 명분으로 군인에 의한 민간인 학살이 자행되었기에 주민들은 공포에 떨어야 했다. 자칫 말 한마디를 잘못하거나 수상한 행동을 하면 총탄 세례를 받기 십상이었던 까닭이다. 이런 공포 분위기였기에 동네 남자들은 군인들이 아내를 겁탈해도 저항할 수 없었다. 다음의 구술 기록은 당시 상황의 일면이다.[1] 구술자는 피난을 갔다 고향에 돌아왔는데 그때 고향에 북상 중인 미군이 주둔하고 있었다. 그때 그녀가 경험한 일이다.

> 여기에 군인 껌댕이(흑인병사)가 진을 치고 저 저 있잖아 병숙이네 밭에. …… 껌댕이가 진을 치고 미군이 진을 쳤어. 난 그때 열여섯 살이었어. …… 저기 외딴 데 우리 고모네가 있었어. 거기를 옷을 해 입고 갔어. …… 여기서(=고모네 집) 껌댕이가 나를 봤어. 군인하고 껌댕이하고 미군하고. 거기를 쫓아온 거여. 인저 여기서 고개를 넘어가서 외딴데 거기를 갔는데. 우리 고모가 혼자 있어 갔는데. 신을 벗어놓고 들어갔는데 그것들은 늙은 것도 모르고 색시도 늙은 할멈도 모르고 애도 몰러. '색시! 색시!' 하면서는 거기를 들어오는 거여. …… 거저 대문을 열고 가서는 소금 자루 둥구마루가 있어. 그걸 푹 뒤집어쓰고 벼랑 방

---

[1] 구술자 임순연(여, 1935년생), 「색시하며 쫓아온 흑인이 전쟁보다 무섭더라」, 건국대학교통일인문학연구단 6·25전쟁 경험자 구술자료, 2012. 구술이기에 문맥이나 문장이 매끄럽지 않다.

에 그 소금가마를 푹 뒤집어쓰고 숨어 있었어. …… 이들이 색시 색시 하면은 우리 어머니하고 나하고 저 산으로 도망갔다고. 밤에도.

이 구술자는 간신히 강간을 면했지만 동네 다른 여성들이 당하는 것을 보거나 들었다고 증언했다. 당시 미군에게 주둔지에 사는 '젊은 처녀(색시)'들은 주요 타깃이었다. 여성 노인, 유부녀, 여자아이도 이들의 손아귀에서 벗어날 수 없었다. MBC 다큐멘터리 〈전쟁 여성을 기억하다 제2부: 전쟁의 무게〉에서는 이와 관련된 생생한 증언이 소개된다. 이 다큐에는 한밤중에 남편과 자고 있는 부인네를 미군이 데려가 강간한 사례들이 나온다. 이렇게 미군이 진주한 지역에서는 여성에 대한 강간이 빈번하게 일어났다. 물론 당시 증언을 종합하면 국군도 미군과 다르지 않았다.[2]

만일 여성들이 이들의 요구를 거부하면 목숨을 부지하기 어려웠다. 설사 그러다 죽더라도 군인들은 이 여인이 인민군에 부역했던 사람이라 죽였다

미군에게 생포된 인민군 여성.

---

2 당시 피해자들은 피해 사실에 대해 함구한다. 이 때문에 증언을 청취하기 매우 어렵다. 설사 본인이 당한 경우라 해도 남의 일처럼 이야기한다. 대부분의 증언이 목격담인 이유가 여기에 있다.

고 둘러대면 그만이었다. 이런 일은 전선이 안정되는 1951년 6월까지 계속되었다. 그리고 이렇게 당했던 여성들은 평생 수치스러운 기억을 간직한 채 살아야 했다. 이때 임신이 되었던 이들 가운데 일부가 출산을 했고, 이렇게 낳은 아이들은 당시 트기(혼혈인을 비하하는 말)라고 조롱을 당하며 어린 시절을 보내야 했다.[3]

국군 위안부

일본의 대표적인 전쟁 범죄 가운데 하나가 종군 위안부(성노예)였다. 그런데 종군 위안부는 일본군만 운영한 게 아니었다. 6·25전쟁 때 한국군도 위안부 제도를 운용했다.[4] 당시 군 고위 관계자들의 증언에 따르면 당시 한국군 고위 장성 가운데 상당수가 일본군 출신이었는데 이들이 과거 일본군 시절의 경험을 따라 이 제도를 운용했다고 한다.[5]

이 제도는 1951년에서 1954년까지 3년 동안 군이 공식적으로

---

[3] 이 혼혈 아동들은 명성원이라는 보육시설에 집단 수용되었다. 혼혈 아동은 아버지가 불확실하기에 엄마 성을 사용하거나 보육시설 책임자의 성을 따랐다. 그래서 그들은 자기 성(姓)을 빌렸다고 해서 '빌린 ○○ 씨'라고 소개한다.
[4] 한국군 위안부의 존재는 우리가 일본의 전쟁범죄를 고발할 때 일본 우익들에게 그들의 행위를 정당화하는 근거가 되기에 우리 사회에서 의도적 함구 또는 강요된 함구의 대상이었다. 군에서는 이 위안부 제도가 일본군이 한 것과는 성격을 달리한다며 같은 것으로 보지 말 것을 주문한다.
[5] 김귀옥의 『그곳에 한국군 '위안부'가 있었다: 식민주의와 전쟁, 가부장제의 공조』(선인, 2019)가 대표적인 저작이다. 《오마이뉴스》에서 2002년 2월 22일 자 「한국군도 위안부 운용했다」 외에 3회를 이와 관련해 더 연재했다.

미군 위안소 모습.(좌)
김귀옥, 『그곳에 한국군 '위안부'가 있었다』(도서출판 선인, 2020).(우)

만들고 유지하였다. 이 여성들은 전투 임무를 마치고 교대한 예비대 소속 군인들을 상대하였다. 전투에서 무공을 세운 군인들은 포상(褒賞)으로 군에서 위안소 이용권을 받았다. 이 경우가 아니면 병사들은 현금을 사용해야 했다. 김귀옥의 연구에 따르면 이들 위안부는 군대 조직의 일부로 편성되었고, 서울, 강릉 등지에서 4개 중대 규모로 운영되었다. 위안소에 있던 여성들은 군대에서 모집한 이들이 대부분이었고 미군이나 국군에게 생포된 인민군 간호원, 좌익 여성, 북한 지역 여성들도 일부 있었다. 이들은 납치, 포로, 살해 대신 강간을 당하거나 강제로 위안부가 되었다. 서울에는 미군을 위한 위안소도 운영되었다. 이곳에서 일하는 여성들은 양공주(혹은 양갈보)라 불리며 수치를 당했다.

국군이 진주한 지역에서 젊은 여성들이 주둔 사령관의 성노리개가 되는 경우도 흔했다. 참모 가운데 이런 여성들을 조달하는 역할을 하는 장교들이 있을 정도였다. 일부 사단장들은 전쟁 내내 이

런 행태를 보였다.[6]

참전 여군

군인으로 복무한 여성들도 있었다. 이런 여성들은 의용군으로 불렸는데 이들은 남자 전투병을 지원하는 임무를 맡았다. 간호사들도 입대했고, 전투병과에 복무한 여성들도 드물지만 존재했다. 이렇게 6·25전쟁은 여성들까지 전투원으로 불러냈다. 인민군에는 여성들의 비율이 국군보다 월등히 높았다. 당시 북한 지역 내 고학력 여성들의 다수가 인민군에 지원해 6·25전쟁에 참전했다.

전쟁 후에도 계속된 여성들의 고난

6·25전쟁은 많은 여성에게 트라우마로 남았다. 전쟁도 악몽이었지만 일부 여성들에게는 전쟁 이후의 삶도 악몽의 연속이었다.

첫 번째 부류가 6·25전쟁을 지나며 남편을 잃은 미망인들이었다. 이들은 죽은 남편 대신 홀로 가족의 생계를 책임져야 했다. 이들은 한밤중에 자신을 겁탈하러 오는 남정네들을 물리쳐야 했다. 남편 없는 여자라고 동네에서 박대를 당하는 일도 감수해야 했다. 재가하지 않고 시가에 살거나 친정에 사는 경우에는 부모들의 가부장적 통

---

[6] MBC 다큐멘터리 〈전쟁 여성을 기억하다 제2부: 전쟁의 무게〉 참조.

제에 시달려야 했다. 이처럼 미망인들에게는 전쟁 후의 일상도 전쟁 못지않게 힘겨웠다.

두 번째 부류는 상이군인과 결혼한 여성들이다. 전쟁에서 부상을 당해 제대한 군인들이 상이군인이다. 그들 모두가 그런 것은 아니지만 이들 가운데 상당수는 전쟁 때 군대에서 하던 짓을 아내와 가족들에게도 했다. 이들은 가족들에게 자주 폭력을 행사했다. 그래서 그들의 부인은 '전쟁 때 하던 못된 짓을 집에서도 그대로 한다'고 한탄하기 일쑤였다. 6·25는 내전의 성격을 띤 전쟁이었기에 동족 간 살해가 빈번하게 일어났다. 민간인 학살 규모도 컸다. 이런 일을 겪은 군인이 사람을 귀하게 여기긴 어려웠을 것이다.[7] 전쟁은 이렇게 상이군인 그 자신과 가족 모두에게 폭력의 트라우마로 남았다. 상이군인이 아니었어도 전쟁을 경험한 군인은 가정에서 폭력적인 성향을 보였다. 그리고 그들의 폭력에 일차 희생 대상은 그들의 부인이었다.

세 번째 부류는 남편의 좌익 활동 혐의로 연좌제에 시달린 여성들이다. 연좌제는 이들은 물론 그들의 자녀에게도 지울 수 없는 상처로 남았다. 이들에게 6·25는 오래도록 '끝나지 않은 전쟁'이었다.

이런 전쟁의 상흔은 아직도 언제든 타오를 수 있는 불씨로 많은

---

[7] 박근혜 탄핵 시위가 한창일 때 2호선 지하철을 탄 일이 있었다. 당시 내가 탄 칸에는 태극기를 든 장교 출신 노인들 몇 명이 같이 타고 있었다. 그들은 "저 밖에 있는 놈들은 다 죽여버려야 한다"는 말을 서슴없이 하였다. 적의에 찬 표정으로 뱉는 말이 내겐 욕으로 들리지 않았다. 만일 그들이 6·25전쟁이나 베트남 전쟁에서 살인을 경험했다면 이 말이 단지 욕만은 아니었을 것이다. 조건이 주어지면 언제든 실행에 옮길 수 있는 일이었을 것이다. 그들이 그럴지 모른다고 생각하니 갑자기 두려운 마음이 들었던 기억이 새롭다.

여성에게 남아 있다. 당사자로서, 아니면 이런 상처를 전수받은 자녀로서 이런 불씨를 간직하고 있는 것이다. 이런 점에서 6·25전쟁은 아직 끝나지 않은 전쟁이다.

기록하지 않는 역사

전쟁의 모든 경험이 기록으로 남는 것은 아니다. 특히 이런 여성들의 경험은 기록은커녕 애초에 존재 자체를 부정당하는 기억이다. 이런 일은 분명히 있었지만 없었던 일이다. 남성들의 역사 그것도 군인이 기록하는 전쟁사에는 도저히 기록할 수 없는 기억이다. 그래서 국가 기억, 그것도 군인들이 오랜 시간 지배한 사회에서 공인하는 국가 기억은 선택적 기억일 수밖에 없다. 국민도 그럴진대 적이나 부역자들로 간주된 이들의 기억이야 두말할 나위 없다.

그러나 이런 경험을 기억하지 않는 사회는 같은 일을 반복하게 마련이다. 그래서 이런 비공식적인 기억들, 공식 기억에서 지우고 싶어 하는 기억을 떠올려야 한다. 그리고 언젠가는 이 기억들을 공식 기록에 담아야 한다. 이것이 작지만 지금껏 남아 있는 전쟁의 트라우마를 치유할 수 있는 방법이다.

04
전쟁 포로의 트라우마

전쟁 포로

'전시 교전국에 의해 사로잡힌 사람, 엄밀히 따지면 정식으로 편성된 군대의 군인에게만 해당되는 말이지만, 넓게는 게릴라병, 무기를 들고 투항하는 민간인, 군대와 관계를 맺고 있는 비전투원도 포함된다.' 전쟁 포로에 대한 사전적 정의다.

전쟁은 불가피하게 포로를 남긴다. 6·25전쟁 때도 남북 합쳐 26만여 명의 포로가 발생했다. 유엔군에게 포로로 잡혔던 북한 출신, 중공군 출신, 남한 출신 포로와 남한 출신 민간인들 숫자는 대략 17만여 명이었다.[1] 이렇게 포로들이 많았던 이유는 1950년 9월 15일 유엔군의 인천상륙작전이 성공하면서 한반도의 허리가 잘리고 그로 인해 중부와 남부에 있던 인민군들이 고립·포위되었기 때문이다. 1950년 12월부터는 중공군이 참전하면서 중공군 포로 숫

---

[1] 조성훈, 『한국전쟁과 포로』(선인, 2010), 246쪽.

거제도 포로수용소.

자도 크게 늘었다.

이 포로들은 유엔군 사령부가 직접 관할했고 한국군은 이들을 집결소에서 수용소로 이송하는 책임만 맡았다. 수용소도 유엔군이 운영을 맡고 한국군은 외곽경비만 맡았다. 이는 포로들을 국군에 편입하거나, 국군이 임의로 포로를 학살하는 것을 막기 위해서였다.

인민군에 포로로 잡힌 국군 숫자는 정확하지 않다. 1953년 정전 협정 체결 시 유엔군 사령부가 발표한 자료에 따르면 전쟁 중 포로로 잡히거나 실종된 국군 숫자는 대략 8만 2,000명이었다. 이 가운데 북한에서 송환된 포로는 유엔군 5,100명, 국군 8,800명뿐이었다. 추정된 숫자와 돌아온 숫자에 상당한 차이가 있는데 이는 북한이 국군포로를 인민군에 입대시키거나 포로들의 존재 자체를 인정하지 않았기 때문이다.

근대 이전 전쟁 포로는 전장(戰場)에서 즉각 처형하는 게 관례였다. 승자나 승전국이 그들을 노예로 삼는 경우도 드물지만 존재했다. 적의 저항 의지를 약화시키고 공포감을 주기 위해 일부러 포로를 처형하는 경우도 흔했다. 그런 처지에 있던 포로들이 1929년 제네바 조약이 체결되면서 신사적 대우를 받기 시작했다. 물론 조약은 조약일 뿐이어서 이를 지키지 않는 경우가 더 흔하였다. 6·25전쟁 포로들 가운데 유엔군에 잡힌 포로들은 1949년 공표된 제네바 조약 덕에 야만적 대우를 피할 수 있었다. 6·25전쟁이 체제 대결이었기에 유엔군은 자신들이 공산주의 체제보다 우월하다는 것을 과시하기 위해 포로들을 인도적으로 대우하려 노력했던 까닭이다.

전쟁 포로 사례

6·25전쟁 포로에 관한 전문적 연구는 한국에서 매우 부족한 편이다. 공식 전사(戰史)도 제대로 정리하지 못하는 처지에 포로 이야기까지 다룰 필요를 못 느껴서일 것이다. 그러나 그들도 엄연한 우리의 일부다. 과연 그들과 그의 가족들은 이 경험 탓에 어떤 트라우마를 갖게 되었을까? 세 명의 포로 사례를 통해 그들의 뇌리에 새겨진 트라우마를 추정해본다.

사례 1. 남한 주민 출신 포로
고향 어른의 경험이다. 당시 우리 동네에는 이 어른과 비슷한 처지였던 이들이 몇 명 더 있었다. 이들이 전쟁 포로가 된 사연이다.
나의 고향은 서울과 성남의 경계에 있었다. 서울에서 가까워 인민군이 전쟁 발발 일주일 만에 동네에 들어왔다. 동네에 진주한 인민군은 자신들에게 동조하는 주민들을 앞세워 인민위원회를 조직하였다. 인민위원회는 신속히 동네를 장악하고 일제 강점기 때의 경찰, 공무원, 해방 후 우익 활동 인사들을 처리하였다. 주민들 대부분은 동네뿐 아니라 나라 전체가 며칠 내 공산화될 것이라 믿었기에 대세에 빠르게 순응하였다.

청년들 가운데 일부는 인민군의 주장에 설득되어 자발적으로 인민군에 입대했다. 일부는 강제로 징용되었다. 내가 아는 어른은 자원입대였다. 징발된 청년들은 남하하는 인민군 정규군을 지원하는 부대에 배속되었다. 정규군이 아니어서 무기도 제대로 지급받지 못하였다. 그들은 정규군을 따라다니며 탄약, 포탄 배달, 진지 구축, 부상병 이송 등의 임무를 수행하였다. 지인이 속한 부대는 남하 속도가 빨라 7월 중순 경 호남에 도착할 수 있었다. 하지만 동쪽 낙동강 경계에서는 인민군과 유엔군 사이에 교전이 치열하였다. 한동안 전선도 교착되었다. 이에 지인이 속한 부대도 9월에 동쪽으로 이동해야 했다.

그러나 9월 중순 맥아더가 이끄는 유엔군이 인천에 상륙하면서 전세는 급속히 유엔군 쪽으로 기울었다. 유엔군은 상륙을 통해 인천-원산을 잇는 한반도의 허리를 끊고 남쪽에 있는 인민군을 고립시켰다. 보급이 끊기고 무기도 동이 난 인민군은 수세에 몰려 북으로 퇴각하기 시작했다. 퇴각이 여의치 않은 인민군들은 가까운 산으로 들어가 게릴라전을 벌였다. 유엔군은 초기의 열세를 딛고 화력 증강, 유엔군 추가 파병, 국군 증원을 통해 전력을 강화하였다. 유엔군은 강화된 전력을 바탕으로 북으로 퇴각 중이거나 산에 숨은 인민군들을 소탕하며 북진을 시작하였다. 내 지인도 북으로 퇴각하는 인민군을 따라가다 충청북도 어디쯤인가에서 포로로 잡혔다. 이들은 대부분 무기도 없고 굶주림에 지쳐 있었기에 마을 주민들한테 붙잡힐 정도였다. 같은 동네에서 징발된 다른 친구들도 이때 포로가 되었다.

이들은 유엔군에 의해 임시 수용소로 이송되었다가 부산 포로 수용소로 마지막에 거제수용소로 옮겨졌다. 거제에선 반공 포로들이 있는 막사에 수용되었다. 그러다 이승만이 1953년 6월 18일 반공 포로들을 석방할 때 그 무리에 묻어 자유의 몸이 되었다. 이들은 석방 후 일주일 만에 고향에 돌아왔다.

사례 2. 북한군 출신 포로

최준식(가명) 할아버지(1930년생)는 황해도에서 태어나 6·25전쟁 때까지 고향에 살았다. 그는 6·25 발발 당시 고등학교 3학년이었다. 그때 그는 남한군이 북침하고 있다는 방송을 북한 당국으로부터 들었다. 그는 전쟁이 나자 징집을 피하기 위해 한 달간 동네 뒷산에 숨어 지냈다. 하지만 동네가 작고 사정이 빤해 더 이상 숨어 있을 수 없었다. 그는 동네에 나온 즉시 인민군에 징집당했다. 한 달간 군사훈련을 받고 전선에 배치되었다. 주특기는 공병이었으나 실제로는 행정병으로 일했다.

할아버지가 속한 부대는 서울에 주둔하고 있어 인천상륙작전 때까지 서울에 머물렀다. 인천상륙작전으로 전세가 불리해지자 소속 부대도 북으로 퇴각하게 되었다. 퇴각 도중 개성 송악산 부근에서 당시 같이 있던 인민군 몇 명과 함께 미군에 귀순 의사를 밝히고 포로가 되었다.

포로가 되고 나서 처음에는 인천 소년형무소에 수용되었다. 당시 그곳에는 인민군 포로 수천 명이 수용돼 있었다. 포로들은 수용소에서 밥은 먹을 수 있었으나 물은 제대로 공급받지 못했다고 한다. 일주일 가까이 물을 먹지 못한 포로들은 대변을 제대로 볼 수 없었다고 한다. 그도 변을 손으로 뽑아내야 할 정도로 생고생을 했다.

그는 이곳에 잠시 머물다가 거제 포로수용소로 이감되었다. 거제 수용소에서는 우익 성향이 강한 반공 포로들과 함께 있었다. 1953년 이승만이 반공 포로를 석방할 때 풀려나 전남 광주로 갔다. 이후 광주에서 영광으로, 영광에서 다시 완주로 가게 되었는데 완주에서 월남한 부친을 기적적으로 만나 그곳에 정착했다.

그는 종전 후 자원입대하여 강원도 화천에서 군대 생활을 했다. 명목은 자원입대였지만 강제나 다름없었다. 뿌리가 뽑혀 낯선 곳에 있게 된 이방인에다 북한 출신 포로였던 까닭이다. 그는 여전히 남한에서 비국민이었기에 존재 증명이 필요했던 것이다. 그래서 그도 당시 반공 포로 대부분이 겪었던 것처럼 군대에 다시 들어가 대한민국 공민임을 입증해야 했다.[2]

사례 3. 제3국을 선택한 포로

최준식(가명) 할아버지가 징집된 경우라면 해방 직후 북한 정규군에 입대해 6·25 때 포로가 된 이들도 제법 있었다. 이들은 대부분 유엔군이 인천상륙작전에 성공하면서 포로가 된 경우였다. 이들

---

[2] 건국대학교 통일인문학연구단의 구술기록. 이 연구단의 조사자 4명이 2013년 4월 30일에 서울 종로구 세운상가에서 진행하였다. 현재 그의 생사는 확인할 수 없다.

은 포로가 된 뒤에도 전향하지 않고 공산주의 편에 섰다. 수용소에서도 전향 공작에 흔들리지 않았다. 이들 가운데 다수가 1953년 9월 포로교환 때 북으로 송환되었다. 그리고 이 가운데 일부인 88명이 제3국을 선택하였다.

88명 가운데 11명은 중국인이었고 77명은 한국인이었다. 77명 가운데 2명은 북측의 포로였던 국군이었고, 나머지 75명은 모두 남측에서 포로가 된 인민군 출신이었다.[3] 이들은 1953년 9월, 38선 근처에 마련된 중립지대에서 송환지 최종 선택을 위해 90일간 설명(Explanation)[4] 기간을 가졌다. 그들은 이 기간 종료 직후 중립국송환위원회 의장국인 인도로 이송되었다. 이 가운데 극히 일부만 인도에 정착했다. 다시 이들 가운데 일부가 남이나 북으로 돌아갔다. 그러나 남은 다수는 인도에서 2년 동안 머물다 이들을 받아주기로 한 남미의 두 나라 브라질과 아르헨티나로 떠났다.[5]

그들이 중립국을 택한 이유는 각기 달랐다. 물론 그들에게 공통점도 있었다. 먼저 그들은 적의 포로가 된 처지였기에 고향에 돌아갔을 때 '패배자'나 '배신자'로 낙인찍힐 것을 두려워하였다. 남 또는 북에 정착하려 해도 연고자가 없었다. 주변인으로서 받을 차별을 감

---

[3] 선우, 『한국 전쟁기 중립국 선택 포로 연구』(이화여자대학교 대학원 사학과 석사학위 논문, 2012), 71~74쪽 참조.
[4] 1953년 9월 말 자원송환을 위해 중립지역에 수용된 포로는 약 23,000명이었다. 이들 가운데 3,500명이 설명 기간을 가졌다. 이들은 이 기간에 북송 외에도 중립국을 선택할 수 있는 기회가 있다는 사실을 알게 되었다. 설명 기간은 이 포로들을 대상으로 귀환을 설득하기 위해 설정된 것이었다. 만일 23,000명 모두가 이런 기회를 가졌다면 제3국을 선택한 이들이 더 늘어날 수 있었다.
[5] 김학선, 『제3국행 한국전쟁 포로의 정체성과 귀속 문제 연구』(한국외국어대학교 국제지역대학원 석사학위 논문, 2013), 2~3쪽 참조.

당할 자신도 없었다.

이들은 낯선 땅에 터를 잡고 맨손으로 일어서야 했다. 대부분 농업에 종사하거나 소상공인으로 살아야 했다. 더러는 교수, 의사가 되기도 했다. 이들은 선주민 여성들과 결혼하거나 먼저 정착한 한인 여성들과 결혼하였다.

포로 트라우마

전쟁 중에는 정규군도 제대로 먹고 자는 게 힘들다. 보급이 신통치 않으면 굶는 일도 다반사다. 전쟁을 치르느라 몸과 정신도 이미 피폐해 있다. 이런 상태에서 자신의 전우를 죽였을지 모를 포로를 인도적으로 대우해주길 바라는 것은 사치다. 더군다나 이기는 쪽도 아니고 지고 있는 쪽 포로라면 목숨을 부지하기가 더 어렵다.

일단 포로가 되면 가진 것을 모두 빼앗긴다. 정신도 저당 잡힌다. 잠자리도 먹을 것도 보장되지 않는다. 적의 처분만 바라는 상태에 놓이는 것이다. 여기다 부상이거나 병이 있으면 더 치명적이다. 이들은 제대로 된 처우를 기대할 수 없을 뿐 아니라 언제든 버려질 수 있어서다. 혹시 적의 눈에 나면 즉결 처분도 당할 수 있다.

포로들은 적에게 잡히는 순간부터 불안과 공포에 시달린다. 포로로 있는 동안 내내 육체적 정신적 학대로 몸과 마음이 극도로 피폐해진다. 살아도 산 것이라 할 수 없다. 전쟁이 길어지면 그들의 처지는 더 나빠진다. 이렇게 포로가 된다는 사실 자체가 그에겐 트라우마다.

수용소에서 자신의 반공 입장을 증명하기 위해 문신을 한 포로들.

6·25 때 남과 북의 포로들은 처지가 달랐다. 인민군 포로들은 유엔군에게 최소한의 권리를 보장받을 수 있었다. 유엔군은 국군이 인민군에게 위해를 가할 가능성이 높다고 보고 포로 관리를 직접 담당하였다. 그 덕에 국군에게 임의로 학살당하는 일은 피할 수 있었다. 유엔군은 그나마 보급물자가 있었기에 포로들이 생명을 부지할 만큼은 보장해주었다. 한동안은 이들의 처지가 수용소 바깥 민간인들보다 나았을 정도였다.

수용소의 삶도 그들에겐 트라우마의 연속이었다. 수용소는 말 그대로 약육강식의 논리가 지배하는 정글이었다. 더욱이 6·25 당시 포로수용소는 친공 포로, 반공 포로, 민간인들이 구분 없이 섞여 있

포로 송환 협상.

었다. 잠자리도 먹을 것도 부족했다. 오랜 굶주림으로 포로들 눈에는 오로지 먹을 것만 보이는 상태였다. 이들에겐 하루하루의 생존이 중요할 뿐 인간으로서의 존엄과 품위는 사치였다. 보리쌀 한 톨이라도 더 얻어먹으려면 힘이 세거나, 빽 있는 놈들의 눈에 들어야 했다. 수용소 초기에 친공, 반공 포로가 섞여 있을 때는 언제 죽어도 이상하지 않을 만큼 폭력이 난무했다. 포로들끼리만 있는 상황도 안심할 수 없는 처지였던 것이다. 이렇게 배급 시간만 기다리는 짐승의 처지, 폭력과 죽음을 모면하기 위해 동료 포로들의 눈치를 살펴야 하는 절박한 상황, 무엇보다 이런 상황이 언제까지 지속될지 모르는 절망이 이들을 괴롭혔다.

국군 포로들은 상당수가 인민군에 편입된 것으로 알려졌다. 알다시피 6·25전쟁 발발 당시에도 북한과 남한의 인구 차이는 지금과 비슷했다. 남쪽이 2배가량 많았다. 점령해야 할 땅과 인구에 비해 인민군 숫자는 턱없이 부족했다. 이 때문에 인민군은 남하하는 과정에서도 남쪽 청년들을 의용군으로 징발해야 했다. 포로로 잡힌 국군을 인민군에 편입시켰다. 자의든 타의든 인민군이 된 국군 포로들은 인민군 정규군이었기에 북한은 이들을 포로 숫자에서 제외하였다. 이 국군 포로들 가운데 일부는 인민군으로 싸우다 유엔군 포로가 되기도 하였다. 국군들은 전쟁 초기 남쪽에서, 유엔군은 중국군이 참전하면서 북쪽에서 포로가 되었다. 유엔군 포로들 가운데는 북쪽의 혹독한 추위를 견디지 못해 동사한 경우가 많은 것으로 알려져 있다. 이들은 북쪽의 전선이 계속 이동했기에 포로가 된 이후 계속 끌려다녀야 했다. 사상 전향 공작도 치열했던 것으로 알려져 있다.

휴전 후 포로들의 처지

북으로 송환된 포로들이 그곳에서 어떻게 살았는지 확인할 수 있는 자료는 휴전 후 남쪽으로 넘어온 국군포로들의 증언이 전부다. 북한에서는 1950년대 말까지 주민 성분을 분류하는 작업을 진행했는데, 이들을 좋은 성분으로 분류하진 않았을 것 같다. 알려진 바에 따르면 아주 일부만 영웅 대접을 받았다. 아마도 대다수는 남한에 남은 포로 출신들의 처지와 다르지 않았을 것이다.

북쪽 출신이든 남쪽 출신이든 석방된 포로들은 그들이 정착한 지역의 경찰들로부터 감시를 당했다. 이들의 일거수일투족이 상부에 보고되었다. 이들은 전쟁 직후라 일자리를 거의 찾을 수 없었고, 그나마 있는 일자리도 차별을 받아 겨우 입에 풀칠할 수 있을 정도의 일만 찾을 수 있었다. 그들은 석방되고 나서도 수용소에서처럼 살았던 것이다. 그렇게 살다가 강제로 군에 입대하였다. 자원입대 명목이었으나 포로 출신 전원이 입대한 것으로 보아 이들의 입대가 자발적인 것은 아니었다. 사실 이들의 입대는 존재 증명의 성격이 강했다. 대한민국 공민 자격을 획득하기 위해 거쳐야 하는 필수 관문이었다. 그래서 그들은 수용소와 처지가 비슷한 조건에서 3~4년 동안 다시 군대 생활을 해야 했다.[6]

이들의 군대 생활은 출신 지역이었던 북한의 잔재를 지우고 대한민국 공민으로 거듭나는 계기로 작용했다. 그렇다고 제대 후 이들에게 남한 주민과 동등한 자격이 부여된 것은 아니었다. 이들은 남쪽에서 기댈 언덕이 없었다. 뿌리가 뽑혀 이방인의 땅에 주변인으로 살아가는 처지였기에 마음 부칠 곳도 변변한 직업도 얻을 수 없었던 것이다. 어렵게 결혼하더라도 그들은 출신을 숨겨야 했다. 자식들에게도 발설하지 못했다. 1970년대 말까지 치열하게 전개된 남북 간 체제 대결 시기에는 본의 아니게 반공, 승공(勝共) 명목으로 열리는 결의대회에 동원되기도 하고, 원치 않는 증언도 해야 했다. 그렇게 그들은 국민 아닌 국민으로 늙어가야 했다.

---

[6] 군대 내 폭력, 열악한 보급수준 때문에 발생했다.

05

기억되지 않는 죽음, 기억해야 할 죽음

'마음은 몸으로 말한다'

내가 좋아하여 가끔 들춰보는 책의 제목이다. 내용은 간단하다. '마음이 아프면 몸도 아프다.' 한마디로 '심신상관(心身相關)'을 주제로 하는 책이다. 이 책에서 제시하는 이런 병에 대한 해법은 간단하다. '몸이 아프면 마음을 들여다보고, 마음이 오래 아프면 몸에 탈이 날 수 있다는 것을 알고 미리 몸과 마음을 살피라!'

2021년 여름 두 달 동안 심하게 앓았다. 몸과 마음 어느 쪽이 먼저인지 원인을 알 수 없지만 내 평생 처음 가장 혹독하고 길게 앓은 병이었다. 삶이 위태로울 만큼 중병이었다. 다행히 병원 신세를 지지 않고 나았으니 마음의 병이 원인이었던 듯하다.

병이 진정되고 나서 원인을 찾다 보니 여러 가지 중에 뚜렷하게 잡히는 것이 하나 있었다. 내가 쓴 북한학 박사 논문과 전해 6월 자원봉사하러 갔던 대전 곤령골 민간인 학살 유해 발굴 현장에 대한 기억이었다.

먼저 내 논문은 '샌프란시스코 체제와 북한'이 주제였는데 지금의 동북아 현실을 주조한 동북아 냉전 체제의 기원과 유산을 다뤘다. 논문을 쓸 때도, 쓰고 나서도 왠지 모를 분노와 답답함 때문에 힘들었다. 우리 현실이 너무 안쓰럽고 자기 운명을 스스로 결정할 수 없는 나라의 현실이 답답했던 탓이다. 곤령골 유해 발굴 봉사 때는 현장에선 못 느꼈지만, 그곳에 다녀와 역시 분노와 답답함이 치밀어 옴을 느꼈다. 전쟁이라고는 하지만 사람을 너무 쉽게 죽인 일에 화가 났고, 이런 사실을 이제야 아는 자신한테도 화가 났다. 그렇게 이름 없이 한날한시에 불귀의 객이 된 만여 명 가까운 원혼들에게 미안하기도 했다. 그런 답답함과 분노가 코로나 팬데믹으로 누적된 몸과 마음의 피로와 만나 탈이 났던 것이다. 그러니 나의 병은 심신상관을 가장 잘 드러내 주는 사례였던 셈이다.

워싱턴에서 만난 어느 학살 피해자

가톨릭동북아평화연구소에서 주관한 '한미 주교회의 평화 포럼'(2022.10.4~8) 참석차 워싱턴에 갔다. 일정을 마치고 일행 중 몇 명과 포토맥에 있는 어느 교포 사업가 집에 이틀간 머물게 되었다. 워싱턴 호텔이라는 별명을 가진 이 집은 마음이 넉넉한 주인이 여러 곳에서 오는 방문자들에게 종종 무료로 개방하는 곳이었다.

첫날은 뉴욕에서 '진실화해평화'라는 단체 회원들이 우리를 보기 위해 이 집을 방문하였다. 이분들과 이야기를 나누다 이 집 주인이 민간인 학살 피해자라는 사실을 알게 되었다. 나는 이분의 이야기를 듣고 싶어 이튿날 동료들과 약속한 투어 일정을 포기하고 반나절 인터뷰를 진행하였다. 이 글은 그분이 들려준 이야기다. 그분이 이름을 밝히고 싶어 하지 않아 '그'로 지칭하게 되었다.

유해 발굴 현장을 다녀와 아프기 시작하다

그는 당시 우리 나이로 79세였다. 일곱 살 때인 1951년 1월 초 그의 가족 7명이 경찰에 학살당했다. 이 사건이 있기 전인 1950년 10월 초 그의 아버지는 인민군에 부역한 혐의로 이미 목숨을 잃은 상태였다. 그는 당시 여러 병을 앓고 있었다. 이틀에 한 번꼴로 병원을 드나들고 있었다. 나이가 어느 정도 있으니 노환일 수 있지 않고냐 물으니 그는 다른 데 원인이 있는 것 같다고 하였다. 그전에는 이런 일이 없었는데 3년 전 고향을 다녀온 뒤부터 아프기 시작했기 때문이라는 것이다.

6년 전 그의 고향에서는 1951년 1월에 있었던 양민 학살 피해자들의 유골을 발굴하는 행사가 열렸다. 그의 가족이 학살당했던 날 다른 곳에서 학살당한 이들의 유골을 발굴하는 행사였다. 그는 혹시나 이곳이 자신의 가족이 묻힌 곳이 아닐까 하는 기대감을 가지고 방문했다. 안타깝게도 그곳은 그의 가족이 묻힌 곳이 아니었다.

아쉬움과 안타까움을 안고 집으로 돌아온 뒤부터 그는 알 수 없는 원인으로 몸의 여러 곳이 아프기 시작했다. 한 살짜리 동생 꿈은 평생 꾸었다고 했다. 그는 동생이 꿈에 나타날 때마다 잠을 설쳤다. 다행히 동생 꿈은 한국에 다녀온 뒤 다소 줄었다.

그의 고향에서 일어난 대량 학살

그의 고향은 충남 아산 장재리다. 천안과 온양 중간쯤 되는 곳이다. 1호선 전철 배방역 근처라 보면 이해가 쉬울 것이다. 당시 사건 개요에 대해서는 《동아일보》 1960년 6월 24일 자 「아산군하(郡下) 서도 300여 양민 학살」이라는 제목의 기사가 있어 그대로 옮겨본다.[1]

6·25 사변을 중심으로 한 '양민대량학살' 사건이 도처에서 노출되고 있는데 13일에 충남 아산군 배방 면민들은 1·4후퇴 당시 면민 300여 명이 억울하게 학살당했다 하여 동(同) 사건의 처리를 관계 요로에 진정해왔다. 이날 면민 맹혁재씨 외 24명이 진정한 바에 의하면 4282년 (1951년) 1월 7~8일경 당시의 배방면 향토방위대는 면내 10여 개의 부락에서 '도민증이 없는 사람은 도민증을 발급하고 시국이 시국인 만큼 안전한 곳으로 피난시켜주겠다'고 남녀노소 약 300여 명을 면 미곡(米穀)창고에 집합시키고 날이 어두워지자 부근 뒷산으로 새끼줄로 묶어 끌고 가 총살해버렸다는 것이다. 이와 같은 사실은 당시 산에까지 묶여 갔다가 도중에서 구사일생으로 탈출해 나온 맹석재(당시 34세) 씨에 의하여 밝혀졌다고 한다.

1951년 1월 4일(소위 1·4후퇴)에 중공군이 서부 전선을 통해

---

[1] 보도되는 시점에 주목할 필요가 있다. 이때는 4·19 직후로 반공을 국시로 하는 박정희 군사쿠데타 세력이 쿠데타를 일으키기 전이었다. 그래서 진정도 가능했고, 주요 일간지에도 보도될 수 있었다. 만일 5·16 이후에 이런 진정을 했다면 그들은 억울한 옥살이를 면치 못했을 것이다.

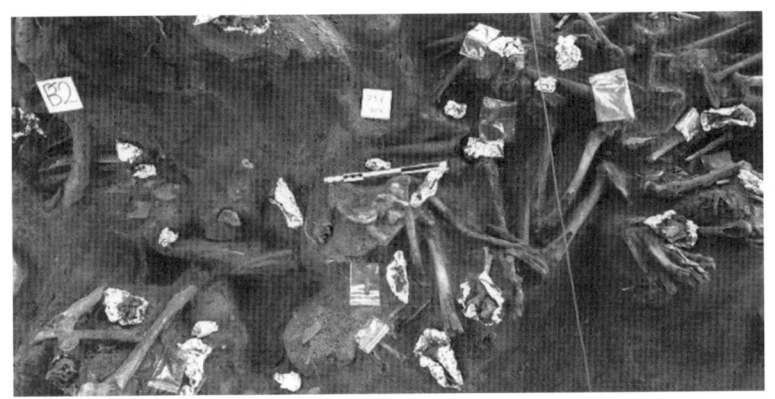
아산 민간인 학살터 발굴 현장.

남하하여 서울을 점령했다. 중동부 전선에서는 북한군이 밀고 내려왔다. 중공군은 1월 7~8일에 수원과 인천을 점령했다. 유엔군은 당시 '평택-제천-삼척선'을 마지노선으로 하여 중공군의 진격에 대비하고 있었다. 그러다 유엔군은 1월 25일 재반격을 시도해 '김포-한강 남안(南岸)-남한산-양평-지평리-횡성-하진부리선'까지 진출하였다.

당시 전황을 보면 아산 지역에는 중공군이나 인민군이 진입하지 않은 상태였다. 아산 바로 위 평택에서 유엔군이 저지선을 펴고 있었기 때문이다. 그 이후에도 중공군이나 인민군이 아산에 진입한 적은 없었다. 그러니 이날 일어난 학살은 6·25전쟁 발발 전후로 있었던 보도연맹원 학살과 유사한 구조를 가지고 있음을 알 수 있다. 내가 갔던 곤령골도 1차로 대전교도소에 갇혀 있던 정치범들을 학살한 곳이었다. 이들은 인민군이 대전으로 진입하기 전 군인에게 처형당했다. 인민군에 동조할 가능성이 높은 이들을 사전에 제거해 위험 요소를 없앤다는 명분이었다. 보도연맹원도 같은 이유로 전쟁 전후 20여만 명 가까이 학살당했다.

당시 중공군이나 인민군이 진입하지 않았고 이후에도 그런 일이 일어나지 않았음에도 그의 가족이 학살당한 이유는 앞의 두 경우와 같은 맥락이었던 것 같다. 만일 유엔군의 평택 저지선이 뚫리면 아산이나 공주, 홍성으로 유엔군의 저지선이 밀려날 것이고 그 지역에서 안전하게 작전을 수행하려면 잠재적인 적을 제거할 필요가 있다고 생각했을 것이다. 이 때문에 10여 개 부락에서 과거 인민군에게 부역한 전력이 있는 이들의 가족을 끌어다 쌀 창고에 가둬 두고 있다가 그날 밤 탄광터로 끌고 가 학살한 것이리라. 그날 미군이 주변에 있었다는 동네 주민들의 증언이 있는 것으로 보아 이는 군이 계획하고 경찰이 집행한 듯하다. 학살을 자행한 향토방위대는 정규군이 아니라 경찰이 주축이었으니 동네 주민이 다른 주민을 죽인 셈이다.

학살을 모면하다

학살이 있던 날 그도 어머니와 동생, 큰집, 외갓집 식구들과 함께 불려 나가 쌀 창고에 갇혔다. 그의 아버지와 큰아버지, 외삼촌은 인천상륙작전이 있고 나서인 1950년 10월 초(기록에는 10월 3일) 유엔군과 한국군이 잔적을 소탕하며 북진할 때 동네에서 부역 혐의로 처형당했다. 그의 어머니가 생전에 목격한 바에 따르면 그의 아버지, 큰아버지, 외삼촌은 뒷짐을 진 손이 검은 전화선(일명 삐삐선)에 묶인 채 끌려갔고 그 즉시 총살당했다고 한다. 그의 가족과 친척이 이렇게 학살 대상이 된 것을 보면 부역 혐의를 받았던 것 같다.

그의 기억에 따르면 당시 쌀 창고에는 인근 마을에서 끌려온 주민 200여 명 가까이가 갇혀 있었다. 어린 나이에도 그 공간이 비좁게 느껴졌을 정도니 창고가 그리 크진 않았던 것 같다. 그날 이 창고에는 그의 어머니, 여동생, 고모, 큰 집 사촌들도 같이 끌려와 갇혀 있었다.

그가 창고에 갇혀 있는데 누군가 아는 사람이 와서 10살 미만 아이들은 밥을 줄 테니 나오라 하여 이종사촌과 함께 창고에서 나와 난로가 있는 어떤 지서(支署) 사무실 같은 곳에 들어가 있게 되었다. 갓난아기였던 막내 동생은 내놔 보았자 누가 보살펴주겠냐며 엄마가 데리고 있었다. 그날 저녁 그가 있던 옆방에서는 경찰이 장작개비로 청년들을 패는 소리, 맞은 청년들이 울부짖는 소리, 신음 소리가 끊이지 않아 몹시 무서웠다고 한다. 그는 그날 밤은 그곳에서 지내고 아침에 집에 가도 좋다고 하여 엄마를 찾으러 창고에 갔는데 그곳에는 주인 없는 버선과 신발들만 어지러이 흩어져 있었다.

이 사건이 있기 전 그의 큰어머니가 어머니에게 지서에서 군민증을 주겠다는 건 틀림없이 우릴 잡아 죽이려는 수작이니 도망을 권유했다고 한다. 그런데도 그의 어머니는 이미 남편도 죽었고, 자신은 죄가 없으니 두려울 게 없다며 "요단강 건너서 만나리~"라는 찬송을 부르며 향토방위대원을 따라갔다고 한다.

큰어머니는 자기 아들을, 큰집 사촌 누나는 그의 여동생(당시 5세)을 업고 도망쳐 목숨을 구했다. 큰어머니는 도망을 쳐 광덕에 있는 친정으로 갔다. 그런데 친정아버지가 '네가 우리 집에 들어오면 우리 식구 다 죽는다'고 들어오지 말라고 해서 다른 곳에 숨었다. 그의 친할아버지는 가족 열 명이 다 희생당하고 논밭까지 빼앗겨 고향엔 돌아갈 수 없다 하여 작은할아버지가 사시던 천안 근처 동네에서 술로 지새다 객사했다고 한다.

그는 이후 고등학교를 졸업할 때까지 큰어머니 집에 의탁하여 살았다. 그는 고등학교 졸업 후 서울로 와 독학으로 대학에 들어갔다. 대학 졸업 후 직장 생활을 하다 서른 살에 미국으로 이민을 떠났다. 다행히 연좌제에 걸리지 않아 비자를 얻을 수 있었다. 그리고 근면하고 성실하게 일하여 사업가로 성공할 수 있었다.

되살아나는 트라우마

그는 지금도 한 살짜리 동생이 엄마 품에 안겨 울부짖는 소리가 환청으로 들려 마음이 찢어진다고 했다. 미국으로 이민 올 때부터 그랬다고 한다. 다행히 6년 전 고향에서 있었던 유해 발굴 현장을 방문한 이후로 많이 나아졌다. 가족의 유골을 이제라도 찾을 희망이 있어서일 것이다. 환청 외에도 그의 마음에는 지난 세월 지워지지 않는 상처가 남았다.

그는 불과 세 달 사이에 아버지와 어머니, 한 살짜리 동생, 작은아버지, 외삼촌 둘, 고모, 사촌 등 열 명의 가족과 친척을 잃었다. 그의 어머니와 동생이 끌려가 죽은 그날 밤 학살된 이들은 대부분 어린이와 여자들이었다. 실제 유해 발굴이 있었던 설화산 탄광에서 발굴된 유해 208구 가운데 85%인 170명이 아이들로 밝혀졌다. 이들

곤령골 학살터.

은 모두 경찰이 쏜 소총에 맞아 죽었다. 안타깝게도 그의 어머니와 친척의 유골은 다른 곳에 묻혀 있어 수습을 기다리는 중이다.

이날의 가해자들(순경과 주임)은 나중에 재판을 받게 되는데 말단 순경은 지서 주임이 시켜서 한 일이라 하였고, 주임은 국방부 장관이 시켜서 한 일이라 증언하였다. 대법원까지 가서 내려진 최종 판결은 그들의 학살 혐의는 무죄, 학살 후 포상으로 받은 쌀 세 가마만 유죄였다. 그나마도 그들은 5·16 직후 박정희 군부 쿠데타 세력에 의해 풀려났다.

그는 이민 사회에서 자기 이야기를 거의 하지 않았다고 한다. 자기 이야기를 했다가 상처를 받은 적이 여러 번 있었기 때문이다. 어쩌다 그의 이야기를 들은 이들은 대부분 안면을 바꾸었다고 한다. 심지어 누군가는 그의 이야기를 듣자마자 "빨갱이 자식이었구나"

라고 말하는 경우까지 있었다. 언젠가는 너무 화가 나 그런 이들에게 "그날 죽은 아이들이 무슨 죄냐고? 내 한 살짜리 동생도 빨갱이냐고?" 항변한 적이 있었다고 한다. 이젠 그러기도 지쳐 남에게 자기 이야기를 하지 않으려 한다고 했다. 듣는 척하지만 속으로는 다 '빨갱이 자식'이라 말하는 것 같아서라 했다.

그는 한국에서 '진실화해를 위한 과거사정리위원회' 1기 출범 때 관련 사실을 제보하라는 연락을 받았다. 생존해 계신 고모에게 연락이 왔다고 하여 고모와 통화를 하는데 고모가 손사래를 쳤다고 한다. "나라에서 그런 거 하라고 해서 하면 다 죽여! 그거 신고하면 죽어. 하지 마! 우리 식구들이 다 그렇게 죽었어." 세월이 변했어도 그의 고모는 여전히 그날의 악몽을 떠올렸다. 그는 그로부터 십수 년이 더 지난 2022년 1월 이 위원회 조사관에게 자기 가족의 비극에 대해 털어놓았다.

머나먼 진실 규명의 길

2022년 11월 13일 PCK 회원들과 평화기행 차 강화 교동도에 다녀왔다. 마지막 일정으로 고구 저수지 끝자락에 있는 을지 타이거여단 충혼 전적비를 방문했다. 전적비는 잘 다듬어진 화강암으로 20여 미터 가까이 웅장하게 조성돼 있었다. 충혼비 앞에는 참배단이, 비석 왼쪽 켠에는 국기 게양대가 설치돼 있었다. 게양대에는 성조기, 국기, 유엔기 세 개가 나란히 걸려 있었다. 참배단 앞으로는 타이거 여단 대원 묘지 몇 기가 자리 잡고 있었다. 다시 그 앞으로는

교동도 고구리 앞 갯벌.

 썰물로 드러난 너른 검은 갯벌이 초저녁 노을을 받아 검게 빛나고 있었다. 너른 갯벌을 지나면 조강 한가운데는 모래톱이 드러나 있었고, 그곳을 지나면 다시 얕은 강물과 검은 갯벌, 북한의 연백평야가 이어져 있었다.
 전적비에서 바다를 바라보며 오른쪽 끝에는 50여 미터 돼 보이는 언덕에 지금은 폐쇄된 군사시설이 덩그러니 버려져 있었다. 그 시설 너머에는 갯벌 옆으로 벼랑이 있었다. 이곳은 이 전적비가 기리는 타이거 대원들이 교동도 주민을 학살한 장소다. 타이거 대원들이 주민들을 언덕에서 처형하여 갯벌로 던지면 밀물과 썰물 때 시체를 쓸어가 버렸다고 한다. 그렇게 죽은 피해자들의 시체는 찾을 길이 없었다.
 그 언덕에는 군사시설이 가로막고 있어 위령비조차 세울 수 없다. 설사 위령비를 세운다 해도 타이거 부대 출신들이 이를 가만히

두지 않을 것이다. 그들의 살인은 여태 무공(武功)이었는데 위령비가 들어서는 순간 그들에게 무공 대신 학살이라는 오명이 씌워질 테니 말이다.

이곳은 민간인 학살이 있었던 곳들에서 일어난 일들을 상징적으로 보여준다. 같은 동네 사람이 살기 위해 강을 건너 북에 있는 고향 집을 방문했다 피난지로 돌아온 일이 간첩질이고, 이런 일을 한 자들은 모두 빨갱이들이니 죽어 마땅하다 해서 이웃이 유엔군 완장을 차고 이들을 죽여 수장(水葬)시킨 일이 전공(戰功)으로 칭송받았다. 전투도 아니고 무기도 없는 이들을 데려다 죽인 일이 무공이 된 것이다. 이들은 반공 정권, 보수 정권의 비호를 받으며 마침내 저리 화려하고 웅장한 충혼탑을 세웠다. 이 거대한 충혼탑은 피학살자들의 억울한 사연 따위에는 관심이 없다는 듯 하늘로 고개를 쳐들고 있었다. 그들이 빨갱이라고 죽인 이들은 잊혀야 하고 그들에 대한 기억은 절대 되살아나서는 안 된다고 웅변하는 듯했다. 이렇게 가해자들의 기억만 공식 기억으로 남고, 그들에 의해 망각을 강요당한 이들의 기억은 역사의 뒤안길로 마치 개펄에 처박힌 그들 부모의 시체처럼 감춰질지 모른다.

학살 피해자들의 기억을 되살리고 진실을 밝히며 그들의 역사를 공식 역사에 남기는 일은 유족과 그들과 연대하는 소수의 몫이다. 그들의 외침은 작고 외롭다. 보수를 자처하는 이들이 정권을 잡으면 이들의 목소리는 더 작아진다. 이들은 개명한 천지가 된 요즘에도 가해자들을 편들어 피해자들을 윽박지른다. 전쟁을 치른 다른 나라들과 달리 우리는 기존의 기득권층이 전쟁 후에도 기득권을 유지했다. 이것이 희생자들에 대한 추모와 평가가 제대로 이뤄지지 않는 이유다. 이런 세월이니 학살의 진실 규명과 역사화는 머나먼 미래의 일이 될 수밖에.

그럼에도 진실은 끊임없이 드러나고 있고 드러날 것이다. 지금은 남북이 서로를 부정하고 있어 양쪽에서 희생당한 이들 모두 제대로 평가를 받기 어렵다. 그러나 하나가 되는 날 우리는 그들에게 깊은 사과와 위로를 보내게 될 것이다.

그러나 영원한 것이 어디 있으랴! 해방된 조국에서 나름의 미래상을 그려본 것이 어찌 잘못이겠는가? 자기가 그려본 해방된 조국의 미래상이 승리하지 못했다 해서 그가 잘못한 것은 아니지 않은가? 승자의 역사가 역사의 전부도 아니지 않은가? 살기 위해 어쩔 수 없이 한 일이 죽을 일인가? 그리고 그들의 자녀들은 무슨 잘못이 있는가?

이렇게 외쳐 봐도 그들은 듣지 않을 것이 분명하다. 그럼에도 외치고 그들의 악행을 드러내 후세에 남기는 것이 그나마 평화를 앞당기고자 애쓰는 우리들이 해야 할 몫이리라. 또한 앞으로도 희생자들과 그의 가족들의 목소리를 계속 들어야 할 이유이기도 하고.

부디 워싱턴에 사는 '그'도 하느님이 부르시기 전에 유골로나마 가족들을 만나고, 국가와 가해자들로부터 진심 어린 사과를 받게 되길 소망한다. 그리고 지금 아픈 몸도 하루빨리 나으실 수 있기를 진심으로 소망한다.

06

강원도 북부 주민들의 분단 트라우마

38선 경계에서 분단을 만나다

나는 1980년대 중반 강원도 인제에서 군대 생활을 했다. '인제 가면 원통해서 어찌하나'로 불리던 곳 가운데 하나에서 군대 생활을 한 것이다. 내가 근무한 부대는 북위 38도선 바로 위쪽에 자리하고 있었다. 강원도는 군사분계선이 한참 위로 올라가 있어 38도선을 경계로 하면 내 부대는 후방도 한참 후방이었다.

내가 근무하던 곳은 보급부대였다. 우리 부대는 북한과 철조망을 마주하는 양구군과 인제군 최전방 3군단 소속 3개 사단에 자동차 부속을 보급하는 임무를 맡았다. 나는 졸병 때 잠깐 창고에서 물건을 내주던 일을 할 때 빼고는 제대할 때까지 계속 중대 본부에 있었다. 나중에 알게 된 일이지만 학생운동 전력이 있는 나를 감시하려고 그런 보직을 준 것이었다. 항상 장교와 부사관들 눈에 잘 띄는 곳이 중대 본부였기 때문이다.

역설적이게도 내가 맡은 일은 더 감시가 필요한 '정보·작전'이었다. 내 임무는 일주일에 한 번씩 바뀌는 암호 해독문을 수령하고, 이 해독문을 가지고 상급 부대에서 오는 암호문을 해독하는 일이었다. 사실 나의 가장 큰 임무는 중대 탄약고 열쇠를 관리하는 일이었다. 탄약고에는 유사시 부대원에게 지급할 실탄이 10개씩 들어간 탄창이 부대원 수만큼 보관돼 있었다. 탄창은 중대장 도장이 찍힌 종이로 봉인돼 있었다. 나는 이 탄창 개수를 수시로 확인해야 했다. 어쩌다 하나라도 사라지면 큰 사고로 이어질 수 있는 일이었기에 늘 주의를 기울여야 했다.

그 탄약고에는 우리 부대가 전시에 행동해야 할 수칙을 담은 2급 비밀문서도 들어 있었다. 내가 다룰 수 있는 권한은 3등급(confidential)으로 가장 낮았지만, 장교가 없을 때는 2등급 문서도 열어보곤 했다. 이제 40여 년이 되어가니 이 글 때문에 기밀누설죄로 처벌받을 것 같지는 않다.

이 2급 문서에는 전쟁이 발발해 우리 부대가 북진을 하게 될 경

'펀치볼'로 불리는 이곳은 여러 차례 검문을 받아야 겨우 통과할 수 있는 곳이었다.

우 함경북도 어디까지 어떤 루트를 통해 올라가는지, 후퇴해서 남쪽으로 내려갈 때는 어디까지 어떤 길로 가는지 기록되어 있었다. 전쟁이 발발하면 부대 앞에 사는 마을 주민을 어떻게 처리해야 하는지도 나와 있었다. 충격적이었던 것은 전쟁 발발 즉시 이 동네 주민들 모두가 우리 부대원들에 의해 사살될 운명이라는 사실이었다. 도무지 이해할 수 없어 중대장에게 물은 적이 있었다. 왜 이 주민들을 그리 처리해야 하는지를. 그때 중대장은 내게 이렇게 답하였다. "아, 여기가 6·25 전에는 북한 땅이었잖아. 그래서 이 사람들도 5년 동안은 북한 주민이었단 말이지. 그때 이 사람들이 다 빨갱이가 되었을 수도 있으니까. 모르는 일이잖아. 그래서 그렇게 짜 놓은 것 같아."

속초 아바이마을

속초항 근처 청호동에는 6·25 때 함경도에서 내려온 피란민들이 모여 사는 '아바이마을'이 자리하고 있다. 이곳에 가면 오징어순대, 명태식해, 함흥냉면을 파는 가게들이 많다. 이곳 주민들이 고향에서 먹던 음식들이 〈1박 2일〉이라는 예능 프로그램으로 유명해져 이 동네를 대표하는 음식이 된 결과다. 나도 이곳의 오징어순대와 명태가 들어간 회냉면을 좋아해 종종 들르곤 한다.

북한학을 공부하면서 이 마을 주민들과 속초 토박이들 사이에 갈등이 있다는 사실을 알게 되었다. 처음에는 피란민들(아바이마을 주민)이 굴러온 돌이니 토박이인 박힌 돌들이 이들에게 텃세를 부리나 싶었다. 그런데 내막을 알고 보니 더 깊은 사연이 있었다.

월남한 이들이 모여 사는 아바이마을. 이 마을 사람과 속초 토박이와 갈등은 분단의 여러 모습을 잘 보여준다.

해방 후 38선 이북 지역이었던 양양, 속초, 고성 지방 주민들은 전쟁이 끝나고도 꽤 오랫동안 남한 정보 당국의 감시를 받았다. 강원도 북부 지역에 이곳 주민들의 가족이나 친척이 사는 경우도 제법 있었다. 그러다 보니 이들은 전쟁 전 이미 5년이나 공산주의를 경험했고, 가족이나 친척들이 여전히 북한에 살고 있다는 이유로 언제든 우리를 배신할 가능성이 있는 적성 국민으로 여겨졌다. 이곳 주민들에게 이러한 정보 당국의 인식과 눈초리는 불쾌하고 두려운 일이 아닐 수 없었다. 반공을 국시로 하는 정권이 한 세대 이상 득세하는 상황이라 자칫 이들 눈에 났다가 목숨을 부지할 수 없는 상황을 맞을 수도 있었으니 말이다.

반면 아바이마을 주민들은 공산주의가 싫어 목숨을 걸고 북한을 탈출해온 사람들이라는 이유로 반공 정권은 이들을 체제 선전의 좋은 사례로 여겼다. 그래서 이들은 반공 정권으로부터 우대를 받았다. 뿌리가 뽑혀와 낯선 타향에 사는 처지다 보니 경제적으론 좀 형편이 좋지 않았으나 이곳 토박이들처럼 당국의 감시를 받거나 위험시되지는 않았다. 이런 속사정을 알고 나니 아바이마을 주민들이 속초 토박이들 눈에 곱게 보이지 않았으리라는 게 이해가 되었다.

간첩이 출몰한 강원도 바닷가

6·25전쟁이 끝나고 나서도 남북은 한동안 경쟁적으로 간첩을 보냈다. 남파 간첩들이 가장 많이 이용한 루트는 동해였다. 이들은 공해상으로 배를 타고 나와 야밤을 이용해 해안가까지 헤엄쳐 오거나, 바닷가까지 잠수정을 타고 와 한밤중에 육지로 올라왔다. 육지를 지나는 군사분계선에는 철조망이 여러 겹 둘러쳐 있고 중무장화되어 침투가 쉽지 않았던 까닭이다.

내 대학 동기가 구술을 바탕으로 쓴 『조국』이라는 소설의 주인공은 강릉 경포대에서 북쪽으로 조금 올라가면 사천이라는 마을이 고향이었다. 그는 사회주의자여서 해방 직후 월북해 6·25 때 인민군으로 참전하였다. 고향 사천에 부인을 남겨 둔 채였다. 그는 여러 번 남파되었으나 한 번도 잡히지 않다가 1983년 12월 4일 부산 다대포로 침투하다 생포되었다. 그는 생포된 후 남한 정보 당국의 조사를 받고 투옥되었다. 칠십이 다 되어 전향하고 풀려나 죽을 때까지 고향 사천에 살았다.

그는 조사 당시 다대포 침투가 처음이라 진술했지만, 그가 내 대

1996년 9월 강릉무장공비 침투사건 당시 강릉시 앞바다에 좌초된 북한 잠수함을 인양하는 모습.

학 동창에게 털어놓은 바에 따르면 그는 다대포로 침투하기 전에도 오랫동안 바다를 통해 사천에 드나들었다. 그의 고향 집 뒤꼍에는 그가 내려오면 숨어 있던 굴이 있었다. 그의 부인만 아는 일이었다. 심지어 그는 사천을 통해 서울로 들어가 2년을 살다 북으로 돌아가기도 했다.

이 주인공처럼 사회주의를 선택해 북한으로 올라갔다 간첩으로 남파된 이들이 더러 있었다. 이들의 주 침투로는 동해안이었다. 그들은 이 지역 지리를 잘 알았기에 군인들이 지키고 있음에도 유유히 드나들 수 있었다. 무슨 말도 안 되는 소린가 싶지만 불과 얼마 전인 2021년 2월 16일 군인들이 멀쩡히 지키고 있는데도 탈북 주민이 감시망에 걸리지 않고 배로 상륙했던 일을 기억해보시라. 심지어 철조망이 여러 겹인 육상에서도 '노크(knock)' 귀순이 있지 않았는가?

강원도 북부 주민들의 분단 트라우마 | 77

물론 이렇게 월남한 이들이 다 남한 출신은 아니다. 철통 같은 감시에도 '조국'의 주인공처럼 군사분계선을 넘나드는 일이 어렵지 않았다는 점을 강조하려는 것이다.

납북 어민의 고난

강원도 고성군 현내면에는 통일전망대가 자리 잡고 있다. 다들 가보면 아시겠지만 그곳에서 보는 바다는 유난히 짙고 푸르다. 북쪽으로는 금강산이 바다로 치고 내달려와 치솟은 듯 경치가 아름다운 해금강이 지척에 있다. 무엇보다 속초, 강릉처럼 큰 도시를 끼고 있는 바다와 달리 바닷물 색깔이 맑고 푸르다. 또한 이 바다는 해상 경계선이 가까워 남과 북 어부들이 자유롭게 드나들 수 없다. 그래서 그런지 아니면 본래 그런 곳이었는지 알 수 없으나 이곳은 어획량이 풍부한 황금어장이다. '군사분계선 근처 황금어장!' 낭만적으로 들릴 법한 이 말에는 쓰디쓴 이면이 있다. 납북 어부들 때문이다.

통일부 통계에 따르면 분단 후 최근까지 북한에 나포된 남한 어민들의 숫자는 총 3,729명이었다. 이 가운데 3,263명은 송환되었고, 9명은 직접 북한을 탈출하였다. 나머지 457명은 아직도 북한에 남아 있는 것으로 추정된다. 이들 대부분은 "어선을 타고 조업을 하다 기관 고장이나 실수로 NLL을 넘어가거나 공해상에서 조업 중 북한 경비정에 나포된 경우다."[1]

---

[1] 통일부 납북자 홈페이지(https://reunion.unikorea.go.kr/abduct/html/abducteeType.html) 참조.

통계를 보면 대부분은 납북 어부들에 대해 "아 그런 일이 있었구나!" 정도로 생각하고 만다. 그러나 1980년대까지 송환된 납북 어부들이 당했던 일을 알고 나면 이들과 그 가족들이 당한 일이 분단의 트라우마 가운데 하나였음을 이해하게 된다.

납북 어부들은 짧게는 일주일 길게는 몇 년씩 북한에 억류돼 있다 대부분 북한에 의해 남한으로 송환되었다. 이들은 북한에 있는 동안 도시에서 멀리 떨어진 산속 수용소에 갇혀 있었다. 그들은 수용소에 있는 동안 회유와 협박을 받았다. 북한 체제의 우월성을 보여주려는 북한 당국에 의해 여러 곳을 견학하기도 하였다. 남한 정보를 캐려는 북한 공안에게 취조도 당했다.

김훈의 소설집 『저만치 혼자서』(2022)에 실린 단편 「명태와 고래」의 주인공은 북에 있는 동안 자기가 사는 동네와 주변 지도까지 그려준 것으로 묘사된다.[2] 그는 동료 선원 3명과 피랍되었다가 송환되었는데, 이 동료 3명이 자신들이 살기 위해 선장이 의도적으로 월북한 것이라 거짓 진술하는 바람에 국가보안법 위반 혐의로 옥살이를 하게 된다. 취조 과정에서 몇 달 동안 고문을 받은 것은 덤이었다. 그는 옥살이를 마치고 돌아온 고향에서 이웃들에게 따돌림을 당한다. 그들이 공안 당국으로부터 당할 피해가 겁이 났던 까닭이다. 그는 그렇게 마을 주민들의 차가운 시선을 받으며 외톨이로 근근이 살아간다.

그렇게 몇 년이 흘렀을까 동해안에 간첩 침투 사건이 일어난다.

---

[2] 소설의 주인공이 경험한 일은 실제 여러 납북 어부의 경험을 작가가 녹여낸 것이다. 송환 후 콘도에서 고문받은 어부 이야기도 실제 납북 어부의 구술을 채록한 글에서 모티브를 작가가 따온 것이다.

2021년 12월 10일 속초시 근로자종합복지관에서 '동해안 납북귀환어부 피해자 진실 규명 시민모임' 창립식이 있었다.

생포 간첩을 취조하는 과정에서 주인공이 그려준 지도가 활용되었다는 사실이 드러난다. 그가 북의 수용소에 있을 때 동네 지도를 그리라 해서 강제로 그려준 것이었는데, 공교롭게도 간첩이 그 지도를 가지고 침투하다 붙잡힌 것이다. 이 때문에 그는 간첩 혐의로 다시 옥살이를 하게 된다. 그가 옥살이를 마쳤을 때는 이미 노인이 된 뒤였다. 다시 돌아온 고향은 여전히 그를 받아주지 않았다.

물론 송환 어부들이 다 이 주인공과 같은 처지는 아니었다. 그러나 공통점은 있다. 일단 이들이 남으로 송환되면 배에서 내리자마자 공안 당국에 인계되어 짧게는 며칠 길게는 반년 가까이 조사를 받았다. 당연히 이들은 조사 과정에서 모진 고문을 받았다. 혹시 간첩 임무를 받았는가 해서다. 북에 있던 기간이 짧고 혐의도 가벼워 보이는 경우는 쉽게 풀려났다. 하지만 북에 있던 기간이 길고 수사당국에서 의심을 품거나 간첩으로 조작하려 작정한 이들은 오래 고문을 당하다 감옥으로 보내졌다. 형을 살고 집으로 돌아오면 그때부터 정보과 형사의 감시가 시작되었다. 또한 그들에게 정기적으로 동향을 보고해야 했다. 이사를 가면 그곳 정보과로 이첩돼 감시를 받았다. 어쩌다 간첩 침투 사건이 일어나면 영장도 없이 붙잡혀 가기 일쑤였다. 혹시 이 사건과 연루된 것이 있는지 캐기 위해서였다. 동네 주민들도 이들을 멀리하였다. 혹시나 이들과 엮여 불이익을 당할까 두려웠던 까닭이다. 무엇보다 이들을 괴롭힌 것은 연좌제였다. 그의 호적에 올라가 있는 빨간 줄이 자신은 물론 자녀들의 취업도 가로막았기 때문이다.

조작 간첩의 희생자들은 김대중 정부 들어서야 자신들의 억울한 과거를 털어놓을 수 있었다. 그리고 그로부터 한참 지나 재심을 신청할 수 있었다. 천신만고 끝에 재심에서 이기면 검찰이 다시 항소했다. 그러면 지루한 법정 공방을 다시 이어가야 했다. 이렇게 싸워 최종적으로 무죄가 선고된 이들은 그래도 운이 좋은 편이다. 고문 후유증으로 먼저 숨진 이들은 재심도 신청해보지 못했기 때문이다. 반면 이들을 고문해 조작 간첩을 만들었던 경찰과 검찰은 군사 독재 시절 승승장구했다. 과거사정리위원회의 활동 결과로 이들 가운데 일부가 서훈이 취소되긴 했지만, 대부분은 조작된 공로 덕을 톡톡히 보았다.

이들에게 진실과 화해는 가능할까?

민주화 이후에도 군사분계선 근처에 사는 주민들은 보수 정당을 지지해왔다. 내가 사는 고양시 바로 위에 위치한 파주시도 도시

개발이 되기 전까지는 그랬다. 강원도 북부 지역 주민도 아직 이런 투표 성향을 보인다. 나는 이 점이 늘 궁금했다. 전쟁이 끝난 지 그리 오랜 세월이 지났는데도 왜 그들은 보수 정당을 지지할까?

혹시 서북청년단처럼 남의 땅에서 살아남기 위해 극단적 반공으로 존재를 증명하려는 것은 아닐까? 아니면 무의식 깊숙한 곳에 거세와 절멸의 공포가 자리하고 있는 것일까? 그것도 아니면 자신들이 경험한 북한이 사무치도록 미워서일까?

여러 추정이 가능하지만 강원도 북부의 독특한 분단 경험이 한 가지 원인은 되는 것 같다. 깊은 무의식까지 내려가 보지 않고는 그들의 마음을 읽어내기가 쉽지 않을 것이다. 더욱이 분단의 상처를 온몸으로 받아낸 이들에게는 마음의 문이 더 단단할 것이고.

이들 가운데는 자신이 겪은 일을 자녀들에게도 말하지 않고 세상을 떠난 이들이 적지 않다. 그래서 진실이 가려진다. 가해자들은 자신의 과거가 자녀들에게 수치가 될까 두렵다. 반공이 국시였던 시절에는 자랑할 만한 일은 아니어도 죄는 아니라 위안을 얻을 수 있었는데, 세상이 바뀌고 나니 자신들이 한 일이 범죄가 돼버렸다. 그래서 그들도 침묵한다.

이렇게 가해자도 피해자도 진실을 밝히지 않고 세상을 떠나면 진실은 반공 기념탑이나 반공 기념관의 공식 기억으로만 남는다. 그러면 화해는 영영 불가능해진다. 분단의 트라우마를 들추는 일이 아름다운 일이 될 리 만무함에도 계속 들춰내야 하는 까닭은 진실만이 진정한 평화를 가져올 수 있기 때문이다.

07

6·25전쟁 중 탈영병

　전쟁에 여러 측면이 있지만 모두가 간과하는 면이 하나 있다. 전쟁 중에 탈영한 군인이다. 6·25전쟁 때도 이런 이들이 제법 있었다. 적으로부터 조국을 지키는 명예로운 전쟁에서 이런 이탈자들이 있다는 것이 언뜻 이해되지 않을 것이다. 그러나 지키고자 하는 나라가 그리 명예롭지 않다면, 돈 있고 힘이 있어 버젓이 병역을 면제받는 이가 부지기수라면, 세상없는 전쟁도 내 가족이 우선이라 생각하면, 그리고 무엇보다 전쟁이 의미 없다고 생각하면 이들의 행동을 나무라기 어렵다. 지금 우크라이나, 러시아에서도 많은 젊은이가 병역을 기피하거나 탈영하고 있다. 그들은 살고 싶어서, 전쟁의 대의에 동의할 수 없어서, 가족을 지키기 위해서 등 여러 이유로 그리할 것이다.

　국가나 국가 이데올로기에 동조하는 이들은 이런 이들을 남성의 명예를 더럽히는 나약한 범법자, 애국심 없는 비겁한 반역자로 간주한다. 가족도 예외가 아니다. 강한 남성상을 가진 아버지는 그의 아들의 행동을 유약하다고 비난한다. 그래서 자기 아들을 질책하거나 자수를 종용한다. 마을 사람도 모두가 그를 보호하지 않는다. 자유를 찾아 돌아온 가족과 지역 사회가 그의 의지처가 돼주기는커녕 자살이나 자수를 부추긴다. 성공적으로 살아남더라도 그의 마음 깊숙한 곳에는 남에게 말할 수 없는 비겁자, 범죄자, 반역자라는 낙인이 새겨진다.

전쟁 중 탈영한 군인은 군율에 따라 사형을 당하는 게 일반적이다. 그러나 6·25전쟁 때는 한두 번 정도는 용납되는 경우가 많았다. 용납되는 경우여도 탈영이라는 낙인은 평생 그를 따라 다녔다. 그래서 그들은 남들은 알 수 없는 트라우마를 안게 되었다. 과연 이들은 누구였을까?

즉결 처분된 새 신랑

윤씨는 1950년 6·25전쟁 발발 후 간부 후보생으로 지원하여 전쟁 당시 포병 장교로 복무하였다. 그의 소속 포병대대는 평안남도 덕천 지역에서 중공군에 포위당해 병력과 장비 손실을 입고 후퇴하였고 인원과 장비 보충을 위해 1951년 3월 안동의 한 학교 건물에 주둔하게 되었다.

하루는 그의 부대에서 뜻하지 않은 사건이 발생하였다. 병사 한 명이 실종된 것이다. 그 병사는 보충병으로 배치된 신병이었다. 직속상관인 포대장(중대장)은 즉시 선임하사를 불러 하사관 몇 명과 함께 주둔지 일대를 수색할 것을 지시하였다. …… 대대장은 포대장에게 수단 방법을 가리지 않고 최단 시일 내에 해당 병사를 찾아오라고 명령하였다.

…… 이 병사는 안동 서쪽 상주가 고향이었다. …… 선임하사와 운전병이 지프를 타고 상주로 달려가 보니 그 병사가 집에 있어 그를 데리고 복귀하였다. 포대장과 대대장은 이 사건을 탈영으로 규정하였으나 당사자가 신병이고 군대 규율과 생활에 익숙하지 못한 점을 고려해 훈계로 마무리하였다.

그런데 사건 발생 2주 후 다시 이 병사가 자취를 감추고 말았다. 포대장은 또다시 선임하사를 불러 상주 본가에 가서 이 병사를 데려올 것을 명하였다. 그 병사는 다시 상주집에서 부대로 끌려왔다. …… 모두가 중형을 예상했는데 이번에도 처벌 없이 엄중한 훈계로 마무리되었다. 대대장의 관대한 판결이 부대원의 사기를 높여주었다. 그 후 얼마 동안 이 병사는 잘 지내는 듯하였으나 다시 세 번째로 탈영을 감행하였다.

탈영 병사는 또다시 부대로 끌려와 구금되고 이번에는 포대장, 대대장 면담과 대화도 없이 즉석 판결이 내려졌다. '총살형'이었다. 당시는 전시여서 지휘관에게 부여된 즉결 처분권이 발동되었다. 대대장도 더 이상 인내심을 발휘하지 못하였다. 그래서 부대 주둔지 뒷산 언덕에 그를 매장할 구덩이를 파놓고 대대 장병 전원을 소집한 후 탈영병을 구덩이 앞에 꿇어앉힌 다음 6명의 하사관 소총수를 대기시켰다. 총살형이 준비되자 대대장은 대대원 전원에게 총살형의 불가피함을 설명한 후 사격 명령을 내렸다. 곧 6발의 총성이 울렸고 그 병사는 미리 파놓은 구덩이 속으로 굴러떨어졌다.[1]

---

1 윤영목, 「한 탈영병의 기구한 운명」, 《Joy Seattle》 2020.9.15.

이 탈영병은 입대 전 갓 결혼한 새 신랑이었다. 고향의 노부모님은 병환 중이었다. 그는 아내와 노부모를 생각하며 세 번이나 탈영했다가 즉결 처분을 당했다. 그의 경우는 신병이어서 군율을 잘 몰랐던 점, 갓 결혼한 사정을 고려하여 두 번의 관용이 베풀어졌다. 그러나 세 번의 관용은 없었다. 이 군인처럼 당시는 가족의 안위를 걱정하여 탈영하는 경우가 전체 탈영 건수의 60%를 차지했다.

관용을 얻었으나 사후에 모욕을 당한 사례

이번 사례는 두 번의 탈영에도 큰 처벌을 받지 않고 무공을 세운 A씨의 경우다. 그는 6·25전쟁 중 두 번에 걸쳐 총 10개월간 탈영한 경험이 있다. 한 번은 탈영 기간이 9개월이나 되었다. A씨의 사례는 그의 사망 후 유족이 국립묘지 안장을 시도하다 국립서울현충원장이 안장을 거부하자 그를 상대로 소송을 진행하면서 세상에 알려졌다. A씨의 유족은 재판에서 패소했다.

A씨는 6·25전쟁에 참전해 화랑무공훈장과 충무무공훈장을 받았다. 1953~1954년 군사작전 수행의 공로를 인정받아 미국 동성(銅星)훈장도 받았다. 그는 제대 후에도 외교부장관·국무총리 비서실에서 일했고 이 공로로 홍조근정훈장도 받았다. 그는 1988년 국가유공자로 추서되었다.

유족들은 A씨가 숨지자 국립 현충원에 안장해줄 것을 요청했다. 그러나 현충원은 군 복무 중 탈영 이력이 있던 A씨에 대한 국립묘지 안장대상심의위원회 심의 결과를 들어 그를 '안장 비대상자'로 결정했다. 국립묘지 설치·운영에 관한 법률에 따라 "A씨는 안장 비대상자인 국립묘지의 영예성을 훼손한 사람으로 인정된다"는 이유였다.

A씨의 유족은 2022년 5월 현충원의 결정을 받아들일 수 없다며 소송을 제기했다. 유족은 각종 훈포장 수상 이력과 제대 후 공직 경력, 국가유공자 선정 등을 고려하면 A씨가 9개월간 탈영했다는 병적 자료를 신뢰할 수 없고 단순 오기로 봐야 한다고 주장했다.

재판부는 여러 병적(兵籍) 자료를 통해 A씨가 약 9개월간 탈영했다가 복귀하는 등 총 10개월간 부대를 이탈한 사실이 인정된다며 현충원의 처분이 정당하다고 판단했다. 재판부는 "A씨의 희생과 공헌만을 보면 국립묘지 안장 대상자의 자격요건을 충분히 갖추고 있다고 볼 수 있다"면서도 "군복무 기간 동안 부대를 무단으로 이탈한 기간이 약 10개월로 결코 짧다고 보기 어렵고, 이탈을 정당화할 만한 다른 특별한 사정이 확인되지 않는다"고 했다. 복수의 자료에 상세한 기재가 있어 자료 작성 과정에 실수가 있었을 가능성도 별로 크지 않다고 판단했다.

재판부는 "A씨를 국립묘지에 안장하는 것은 국가나 사회를 위해 희생·공헌한 사람이 사망한 뒤 그 충의와 위훈의 정신을 기리는 국립묘지 설치·운영 취지에 부합하지 않는다"며 "A씨가 국립묘지의 영예성을 훼손한다고 판단한 심의 결과도 최대한 존중하는 것이 맞다"고 판시했다.[2]

A씨는 10개월간 탈영했음에도 앞의 군인처럼 가혹한 처벌을 받

---

[2] 허욱, 「탈영 이력있는 6·25 참전유공자」, 《조선일보》 2024.4.14.

지 않았다. 아마도 그는 처벌을 피하고자 자수했던 것 같다. 그러나 그에게 붙은 탈영 꼬리표는 끝내 떼어지지 않았다. 아마도 그는 이 꼬리표를 의식하여 어느 병사보다 더 열심히 그리고 더 용감하게 싸워야 했을 것이다. 그가 받은 2개의 무공훈장이 이를 보여준다. 안타깝게도 그의 이러한 영웅적 노력에도 국가는 그의 탈영 사실을 끝내 병적에서 지워주지 않았다.

재판부 판결문은 그가 전공을 세운 것은 사실이나 국립묘지에 안장되려면 '충의와 위훈의 정신'을 실현해야 했는데 이에 미치지 못했다는 뉘앙스를 풍긴다. A씨가 국립묘지에 안장되기 위해서는 순결하게 '충의와 위훈(偉勳)'을 실현했어야 했다는 것이다. 그런데 그의 무공은 총 10개월간 두 번의 탈영으로 인해 순결성을 잃었다. 그의 행위는 충의와 위훈을 크게 손상하는 일이었다. 그래서 그는 국가의 이러한 판단으로 많은 공로에도 사후에 모욕을 당했다.

인민군 탈영 후 국군에 입대한 사례

전쟁 중에 자기 진영을 떠나 적진으로 귀순하는 경우도 흔하였다. 국군이었다 인민군에 귀순한 경우는 대부분 북으로 갔으니 기록을 찾기 어렵다. 그러나 이런 이들이 존재했다는 것은 당시 참전 군인들의 증언이 뒷받침한다. 이런 경우는 전쟁에 대한 두려움, 군내 가혹 행위, 열악한 보급, 본인의 실수, 상대 진영의 이데올로기에 대한 동조 등이 원인이 되었다. 탈영 후 완전한 자유를 기대했으나 불운하게도 적군에 포로로 잡히거나 그런 상황에서 귀순할 수밖에 없는 경우도 있었을 것이다. 이런 경우는 아군에 잡히는 것보다 조금 나은 대우를 받았다. 적어도 두 번째 사례의 A씨보다 나은 대우를 받을 수 있었다는 것이다. 참전 유공자 박기영(88세) 씨의 사례가 이를 잘 보여준다.

6·25 참전 유공자 박기영 씨는 고향이 38선 이북이었던 탓에 1950년 8월 즈음 인민군에 입대해야 했다. 입대하기 싫었지만, 입대하지 않으면 가족을 해칠 것이라는 북한 당국의 협박을 견디지 못해 '자진' 입대했다. 인민군에 입대한 박씨는 포병 교육을 받았다. 훈련소는 평양에서 북쪽으로 60km가량 떨어진 평안남도 안주군에 있었다. 하지만 그는 훈련을 받기 시작한 지 1주일이 채 되지 않은 때 탈영을 시도하였다. 낮에 자고 밤에 걸으며 집으로 돌아갔다. 그리고 곧바로 가족과 함께 정든 고향을 떠나 남으로 내려왔다. 서울 문래동까지 오는 데 꼬박 9일이 걸렸다. 그와 그의 가족은 북에서 왔기 때문에 남쪽에선 무적자(無籍者)였다. 그래서 그는 국군에 자원입대할 수밖에 없었다.

북진(北進)을 꿈꾸던 소망과 달리 박씨는 예비 병력 성격인 '국민방위군'에 배속됐다. 1950년 12월 창설된 국민방위군은 병력 부족을 대비하기 위해 민간인을 동원해 편성한 군대였다. 이들은 인민군이 아니라 추위와 배고픔, 전염병과 싸워야 했다. 군 고위 간부의 부정부패로 보급품을 제대로 받지 못했기 때문이다. 박씨는 천신만고 끝에 국민방위군에서 살아남았다. 김해에 남아 몸을 추스른 박씨는 1952년 11월 입대했다. 인민군, 국민방위군에 이은 세 번째 입대였다.

부산에서 기차를 타고 도착한 포항 해병대사령부에서 신체검사를 받고 미군 함정을 타고. 제주도 모슬포로 가 훈련소에서 7주 동안 훈련을 받았다. 훈련 직후에는 강원도 묵호로 이송되었고 거기서 다시 춘천 제2보충대로 옮겨져 전투 현장에 신병을 수송하는 임무를 맡았다. 그는 1953년 7월 2일 초 양구로 병력을 수송하다 인민군에게 포격을 당해 귀 한쪽이 난청이 되는 부상을 입었다. 그는 참전 공로로 국가 유공자가 되었다.[3]

박씨의 사례는 20대 초반의 귀순자가 상대 진영에서 어떤 대접을 받았는지 잘 보여준다. 청년 귀순자는 자신의 새로운 조국에 대한 충성심을 증명하기 위해 군에 입대해야 했다. 그가 입대한 국군은 인민군보다 나은 처지가 아니었다. 그렇다고 다시 인민군으로 돌아갈 수도 없는 노릇이었다. 어떻게든 그는 목숨을 걸고 자신의 존재를 증명해야 했다. 그래서 그는 자의 반 타의 반 남쪽에서 두 번이나 입대해야 했다. 그러고서야 간신히 대한민국 국민 자격을 획득할 수 있었다.

국군 탈영 후 미군에 입대한 사례

6·25전쟁 때 국군은 공군과 해군이 빈약하였다. 대한민국 해군은 특히 가난해 새 함정을 건조할 처지가 아니었다. 이 때문에 선택한 방법이 미 해군이 쓰던 중고 군함을 인수하는 것이었다. 이 임무를 맡은 해군 병사들은 미국으로 건너가 미 해군 중고 함정을 인수

---

[3] 정의진,「인민군 탈영 후 국군 입대」,《한국경제신문》2020.6.22.

하여 한국까지 끌고 와야 했다.

    백도선 씨는 당시 한국 해군 하사로 이 임무 차 미국에 갔다 인수단 일행에서 벗어나 탈영하였다. 불법체류자로 머물던 그는 미군 도움으로 미 육군 6사단에 입대하게 되었다. 그는 '한국어 통역 주특기'를 받고 1953년 4월 미 육군정보대 소속 하사관으로 마산에 배치되었다.

    그는 1959년 6월 한국에서 전역하기 2주일 전쯤 미해군함정 인수 방미 인솔단장이었던 이용운 중장(당시 대령)을 찾아가 자수하고 군법에 회부되었다. 자수 형식을 통해 군법에 회부되는 대신 해군참모총장 특사로 석방하는 조건이었다. 그는 2주 후 미 육군 하사로 제대하고 한국 해군 자수 탈영병으로 군법에 회부되어 '전시 탈영'으로 사형을 언도받고 2주간 수형되어 있다 특사로 풀려났다. 이로써 그는 전시 탈영의 굴레를 벗을 수 있었다.[4]

    그는 탈영 후 미군에 복무하게 되어 신분을 보장받을 수 있었다. 제대 후에는 특사를 통해 탈영의 굴레를 벗을 수 있었다. 탈영의 굴레는 미국 시민권을 가진 그에게도 무거운 짐이었다.

6·25전쟁기 한국군 탈영 동태

    육군 자료에 따르면 6·25전쟁기 탈영한 군인 숫자가 5만여 명

---

[4] 이상원, 「한국해군 '탈영병'이 미군으로 한국전쟁에 참전한 기구한 사연」, 《오마이뉴스》 2001.7.29.

에 이른다.[5] 특히 전쟁 후반기인 1952년과 53년 사이 탈영한 군인 비율이 80%에 이르렀다. 이 시기에 탈영병이 크게 늘어난 원인은 1952년 9월부터 징병제가 실시되면서 징집, 소집 대상 병력이 늘어났기 때문이다. 당시 자료를 보면 징병 대상 가운데 15% 정도가 병역을 기피한 것으로 나타난다. 병역 기피자들은 계층을 가리지 않고 발생하였다. 그럼에도 소집이나 징집을 당한 청년들은 대부분 하층 출신이었다. 이때도 유력자 가문의 자녀나 고학력자들은 군입대가 면제되었다. 설사 입대해도 이들은 전투에 참여하지 않는 보직을 맡았다. 이 때문에 군대는 '문맹'이거나 '초등학교 졸업자'들만 가는 곳이 되었다. 실제로 당시 징집되어 입대한 군인 70%의 학력이 국졸 이하였다. 이는 탈영자들의 계층 구성에서 하층 비중이 높은 이유를 설명해준다.

전쟁 중에 탈영한 군인들은 국방경비법 제9조에 따라 "사형 혹은 타 형벌에" 처해졌다. 이러한 처벌이 기다리고 있음에도 탈영병이 발생한 이유는 '가정 사정, 훈련 부족, 보급 불량, 불공정한 병무행정, 보직 배속을 포함한 군 인사행정 비리, 사회 전체의 애국심 박약' 등이었다.[6]

탈영 원인 가운데 내게 흥미롭게 다가온 것은 '사회 전체의 애국심 박약'이다. 흥미롭지 않은가? 탈영을 해도 이를 죄악시하는 분위기가 없다니 말이다. 아마도 이는 군부의 병역을 둘러싼 부패와 비리가 국민의 공분을 샀기 때문일 것이다. 자신의 생존을 지켜주지 못하는 국가에 대한 원망도 큰 몫을 했을 것이다.

---

5 육군본부 편, 『6·25사변 후방전사(인사편)』(육군본부 군사감실, 1956), 127쪽.
6 정복원, 「군무이탈에 대한 소고」, 《신가정》 157(1968), 70쪽.

소집된 국민방위군. 제2국민병으로 편성된 국민방위군 고위 장교들이 국고금과 군수물자를 부정처분해 착복해. 1950년 12월에서 1951년 2월 사이에 국민방위군으로 징집된 50만 명 가운데 아사자, 병사자가 5만에서 9만여 명에 달했다. 동상으로 인해 피해자가 20여만 명이 넘었다.

    탈영병 가운데 일부만 안전하게 숨어 지낼 수 있었다. 이 경우에도 그들의 생활은 안정적이지 못하였다. 긴장과 불안의 연속이었다. 그들의 가족과 지역 사회도 동요하긴 마찬가지였다. 국가 이데올로기를 내면화한 가족 구성원이 있는 집은 탈영병을 불명예스럽게 생각했다. 그를 범죄자 취급했다. 탈영을 남자답지 못한 비겁하고 부끄러운 행위로 여기는 가족들은 그에게 자수를 압박했다. 이를 견디다 못한 탈영병이 자살했다. 설사 운 좋게 살아남은 경우에도 그들은 자신의 과거를 숨겨야 했다.

전시 탈영병이 평화에 주는 함의

전쟁은 10대 후반에서 20대 초반의 젊은이들을 살육의 공간으로 불러낸다. 그들은 전쟁의 대의를 모르는 경우가 대부분이다. 그래서 애국이 아니라 동료의 죽음에 대한 분노로 목숨을 걸고 싸운다.

6·25전쟁 당시는 군대도 국가체제도 엉망이었다. 국가가 젊은이의 목숨을 귀하게 여기지 않았다. 귀하게 여겼다면 국민방위군 사건 같은 일은 결코 일어나지 않았을 것이다. 병역을 둘러싼 부패와 비리도 극심했다. 오로지 돈 없고 힘없는 젊은이들만 전쟁터에 끌려 나가 목숨을 잃었다. 이런 나라에 충성심을 보이는 게 이상하지 않은가? 전쟁 무공은 얼마나 날조가 심했는가? 그런데도 두 번째 사례에서 보듯 탈영병은 '충의와 위훈'이라는 순결한 정신을 더럽힌 비겁자와 반역자로 간주되었다. 그럼 요즘은 이들을 어떻게 보아야 할까? 나는 이들의 병역 기피와 탈영이 전쟁을 억제하는 계기가 될 수 있다고 본다. 그리고 젊은이들이 불의한 전쟁을 거부하는 것은 권리와 의무이기도 하다는 생각이다.

08
남은 자의 고통

해방은 불행히도 국토 분단으로 이어졌다. 1948년에는 남북이 각각 단독 정부를 수립하며 한반도는 정치 체제 차이로 두 번째 분단을 맞았다. 6·25전쟁은 그나마 남아 있던 민족의 마음마저 둘로 갈라놓았다. 이렇게 세 단계의 분단 과정을 거쳐 남북은 화해 불능 상태에 이르렀다. 이때부터 남북 모두에서 상대방을 이롭게 하는 말과 행동은 이적행위가 되었다. 특히 체제를 부정하고 상대편으로 넘어간 이들은 가장 위험한 적으로 간주되었다. 이 위험한 적을 가족으로 둔 이들은 '잠재적인 적'이 되었다. 북에서는 월남자 가족, 남에서는 월북자 가족, 납북자 가족이 이들이다. 이들은 오랜 세월 국가폭력에 희생되었고 지금까지도 피해 공포에 시달리고 있다. 과연 이들은 어떻게 피해를 당했고 이 피해는 그들에게 어떤 트라우마를 남겼을까?

체제의 경계를 넘은 이들

　북에서는 해방 후 사회주의화 과정이 빠르게 진행되면서 지주, 일제에 부역한 공무원, 경찰, 군인과 그들의 가족, 반공 의식이 강했던 개신교인들이 남행(南行)을 택하였다. 이렇게 남으로 내려온 이들이 120여만 명 되었다. 북한 정권은 이들의 남행을 방조했다. 속으로는 이들의 남행을 환영했다. 사회주의 개혁에 저항할 게 뻔한 이들이 스스로 물러나는 셈이었기 때문이다. 실제로 이들이 남행을 선택하면서 북한에서 사회주의화는 빠르게 진행되었다.

　반면 남한은 북에서 내려온 이들, 일제에 강제로 징집·징용된 동포의 귀환으로 인구가 순식간에 급증하며 식량난, 주택난이 심화하였다. 거듭되는 미군정의 실정은 이 혼란을 가중시켰다. 정치적 영향력이 큰 좌익 세력도 미군정에는 큰 골칫거리였다. 이에 미군정은 38선 이북에서 사회주의화가 빠르게 진행되는 데 조급함을 느껴 좌익을 본격적으로 탄압하기 시작했다. 이로 인해 좌익들은 남한 단독정부 수립 때까지 괴멸에 가까운 타격을 입었다. 이 과정에서 좌익 세력 일부가 북행(北行)을 택하였다.

　6·25전쟁 전까지는 마음만 먹으면 얼마든 월경(越境)이 가능했다. 1946년 말 38선의 경계가 삼엄해지기 전까지는 거의 자유로운 왕래가 가능했다. 그 이후 힘들어지긴 했으나 그래도 마음만 먹으면 월경이 가능했다. 월경 동기는 '살아남기 위해, 본래 고향이 반대쪽이어서, 이데올로기 때문' 등으로 다양하였다.

　6·25전쟁이 발발하자 경계를 넘는 이들의 규모가 큰 폭으로 늘어났다. 북한에서는 전쟁이 나자 서해 가까이 사는 주민들이 전쟁을

38선을 넘기 위해 기다리는 북한 주민들.

피해 남한 옹진반도에 소재한 섬들로 피난을 왔다. 이들은 며칠이면 전쟁이 끝나 다시 고향으로 돌아갈 수 있을 줄 알았다. 그러나 그들은 아직도 고향에 돌아가지 못하고 있다. 이들 가운데 일부는 급하게 몸만 빠져나오느라 챙겨오지 못한 재산을 추스르러 고향 집을 오가다 간첩으로 몰려 학살당하였다. 강화도, 교동도에 이런 이들이 많다.

북한은 26만의 군대로 남침을 시도하였다. 그러나 이 병력으로는 남한을 점령하는 데 역부족이었다. 이 때문에 인민군은 남한 출신 젊은이들을 자원입대, 강제 징집 형식으로 전선에 동원하였다. 중부 이남에서 벌어진 인민군과 유엔군 간 전투에 남한 출신 인민군 병사가 많은 이유였다. 이들은 유엔군의 인천상륙작전이 성공하면서 대부분 유엔군에 포로로 붙잡혔다. 이들은 포로수용소에서 반공 포로로 분류되었고 휴전을 전후해 석방되며 대부분 남쪽에 남았다. 포로로 잡히지 않은 이들은 퇴각 때 북으로 올라갔다. 인민군이 점령했던 지역에서 인민군에 협력한 이들과 그들의 가족이 보복을 피해 북행을 택했다. 이런 이들을 남쪽에서는 월북(越北) 인사라 불렀다. 인민군은 북으로 퇴각할 때 남한 주민을 강제로 끌고 가기도 하였다. 주로 지식인, 문화 예술인, 전문 기술을 가진 이들이었다. 이들이 납북(拉北) 인사다.

북에서는 1·4후퇴 때 대규모 월남이 있었다. 38선에 가까이 살던 주민들은 유엔군이 퇴각할 때 따라 내려왔다. 더 북쪽에 있던 주민들도 미군이 원자폭탄을 투하한다는 소문에 겁을 먹고 유엔군을 따라 남으로 내려왔다. 흥남 철수 때 남행을 택한 이들도 10여만 명에 가까웠다. 이렇게 6·25 때 남과 북에서 반대 방향을 향해 떠난 이들이 수백만에 이른다.

가족의 수난

이렇게 반대 방향을 선택해 떠난 이들은 새로운 정착지에서 어떻게든 살아남기 위해 존재 증명을 해야 했다. 존재 증명은 말 그대로 내가 이 체제에 적합한 사람이고 이곳에 본래 있던 이들보다 더 모범적인 사람이라는 것을 증명하는 과정이다. 이는 평안도에서 월남한 청년들이 본래 남쪽에 살던 이들보다 반공정신에 더 투철하고 체제에 충성하는 사람이라는 것을 증명하기 위해 극악스럽게 좌익 탄압에 앞장섰던 경우와 같다(서북청년단). 말 그대로 본래 있던 이들보다 한술 더 뜨는 방식이 존재 증명이다. 이렇게 다른 체제를 선택해 떠난 이들은 살아남기 위해 존재 증명에 몰두해야 했다. 이들의 고통이 절대 작지 않지만 반대편에 남아 있는 가족들에게는 이들보다 더 큰 고통이 기다리고 있었다. 이들의 고통은 대를 이어 트라우마로 남았다.

1) 북한의 성분 차별

북한에서는 집안에 월남 가족이 있는 경우 이들을 출신 성분으로 차별했다. 알다시피 북한에서는 당성(黨性)을 기준으로 출신 성분을 나누었다. 정점에는 김정은 일가의 백두혈통이 있었다. 출신 성분에 따라 사는 지역, 사회적 지위가 달라졌다. 필자가 북한학을 공부하면서 파악한 바에 따르면 1958년 사회주의화가 완료된 다음부터는 국민 통합 차원에서 이들 가족에 대한 물리적 처벌이나 드러난 차별은 하지 않은 것으로 확인된다.

2) 남한의 연좌제

가족 입장에서는 자발적 월북과 강제 납치가 엄연히 다른데 남한 정부는 이 둘을 하나로 간주하였다. 정부는 당사자가 아닌데도 이들의 가족을 당사자만큼 위험한 존재로 간주했다. 이유는 두 가지였다. '첫째, 북으로 간 사람(이유와 관계없이)과 가족 관계에 있어 다른 국민에 비해 이들에게 온정적(협조적)일 수 있다. 둘째, 이들은 북에서 온 간첩(혹은 당사자)과 언제라도 접촉하여 남한에 치명적인 붉은 사상을 퍼트리고 간첩 노릇을 할 위험이 있기 때문이다.'[1] 이러한

생각은 월북자/납북자² 가족을 차별해 온 연좌제의 기초가 되었다.³

① 월북자 가족의 수난

북한 연구자 이수정은 2002년 월북자 가족에 대한 심층 면접을 통해 그들에게 공통적으로 나타나는 흥미로운 현상을 포착하였다. 가족들이 월북한 가족 구성원의 '사망 신고'를 하는 것이었다. 이 방식은 1960년대 중반까지 월북자, 납북자 가족에게 널리 활용되었다.

사망 신고는 두 가지 목적을 가지고 있었다. 첫째, 가족 이산(離散)이라는 아픈 기억을 잊기 위함이었다. 살아 있을지 모를 가족 구성원을 계속 생각하며 고통을 받기보다 과감히 망각을 선택한 것이다. 둘째, 자신들에 대한 정부와 주변으로부터의 차별, 불이익을 피하기 위해서였다. 실제로 가족들은 주변에서 끊임없이 연좌제 피해 이야기를 들었기에 이런 피해가 자기 가족에 미치지 않게 할 필요를 느꼈다. 하지만 이런 시도가 늘 성공적이진 못하였다. 주변에 이들의 사정을 아는 이웃이 있었기 때문이다. 나름 용의주도함을 발휘해도 정보기관에서 이를 눈치채는 경우가 다반사였다. 이수정이 보고한

---

1 이수정, 「국가 판타지와 가족의 굴레: 월북자 가족의 남한 국민되기」, 《비교문화연구》 제16집 1호(서울대학교 비교문화연구소, 2010), 172~173쪽.
2 정부는 최근에 와서 두 유형을 분리하기 시작했다. 이는 동기의 자발성, 행위의 강제성을 기준으로 납북자를 자진 월북자와 구별해야 한다는 이유에서였다. 실제로 통일부에서는 납북자와 그들의 가족에 대한 캠페인을 월북자와 그의 가족들과 구별하여 진행하고 있다.
3 연좌제는 반국가적 행위를 하거나 그런 생각을 가진 사람들(남한에서는 주로 빨갱이로 간주되는)의 가족을 체계적으로 감시하거나 공무원과 같은 사회적 직역에서 배제하고 해외여행을 금지하는 경찰제도로 개인보다 가족을 대상으로는 하는 규율 체계다.

다음 사례가 이를 잘 보여준다.[4]

최모 씨는 월북한 형의 이름을 지원서에 쓰지 않아 사관학교에 합격할 수 있었다. 졸업 후 무사히 장교로도 임관할 수 있었다. 장교로 복무하던 어느 날 방첩대(지금의 방첩사)에서 그를 호출하였다. 그의 형이 당시 북한에서 유력한 지위에 오르게 되어 관계 기관에서 그를 취조할 필요가 있다는 이유에서였다. 방첩대장은 그의 형이 간첩으로 남파될 가능성이 있고 그가 월북자 가족인 것이 밝혀진 이상 군에 남아 있기 어려울 것이라 하였다. 그럼에도 그는 10년을 더 근무하고 제대할 수 있었다. 제대 후 대학교수까지 되었다. 그럼에도 그는 정기적으로 경찰 조사를 받아야 했다. 우편물은 모두 검열되었고 전화 도청도 계속되었다. 그는 처음 그가 방첩대에 호출되었을 때 국가기관이 자기와 가족들을 계속 감시하고 있다는 사실에 큰 두려움을 느꼈다.

운이 좋은 사례도 있었다. 월북 사실을 모르는 데로 이사가 사망 신고를 하면 가족사를 감쪽같이 속일 수 있었던 것이다. 이렇듯 월북자 가족은 남한의 떳떳한 시민으로 인정받기 위해 월북 가족의 존재를 숨겨야 했다. 이수정은 월북자 가족에게 나타나는 병리적 증상도 보고하였다. 그는 이를 '피해망상'이라 명명하였다.

1999년 어느 초로의 월북자 가족 남성이 통일부에 전화를 걸었다. 그는 자기 아들이 여권을 발급받을 때 남들보다 고생해서 받았고 군대에

---

4 이수정, 앞의 글 참조.

이산가족 상봉 모습(2015년).

서 전방 근무를 원했는데 후방에 배치된 이유가 월북자 가족이기 때문일 것이라 하였다. 1999년은 이미 연좌제가 폐지된 뒤였고, 월북자 가족이 통일부에 항의 전화를 할 수 있는 것 자체가 이런 위험이 사라진 것을 반증하는데 그 남성은 이렇게 믿고 있었다.

월북자 가족들은 연좌제가 법으로 금지되고 민주화가 진전된 요즘에도 여전히 국가에 공포감을 느끼고 있다. 이는 6·25 때 인민군에 부역했다는 이유로 학살을 당한 이들의 유가족이 여전히 학살 공포를 느끼는 것과 같다. 유가족들은 아직도 극우 정치 세력이 집권하면 언제든 이런 일이 재현될 것이라는 공포심을 갖고 있다. 끔찍하게도 윤석열의 내란이 자칫 이런 공포를 현실화할 뻔했다.

② 납북자 가족의 수난 사례

납북자들은 말 그대로 북한 정권(인민군)에 강제로 끌려간 이들이었다. 월북 자체가 강제적이고 비자발적인 것이었다. 그럼에도 남한 정부는 납북자 가족도 월북자 가족처럼 불이익을 주었다. 이 때문에 이들 가족의 피해 유형을 월북자 가족 피해와 같은 것이라 보아도 무방하겠다. 아래 표는 이들이 당한 피해 유형이다.

나도 1980년대 말까지 친구들로부터 '회사에 들어가려는데', 'ROTC에 지원해야 하는데' 신원조회를 해야 한다는 말을 수없이 들었다. 요즘 신원조회(조사)는 '조회 당사자의 범죄 경력을 수사 기관에 확인해보는 것'을 가리키는데, 그때는 이를 포함하여 '가족 가운데 좌익 경력이 있는 자, 월북자나 납북자, 반정부 활동 경력자의 존재'를 확인하는 절차였다. 다른 조건을 다 갖추었어도 신원조회

납북자 가족의 피해 형태[5]

피해 부문과 형태		피해 내용
정치	승진 기회	군, 경찰 등 간부 승진 기회 불이익
	신원조회	수시로 각종 신원조회 실시
경제	취직	은행, 대기업 취업 불이익
	임용 시험	공무원 임용 시험 불이익
사회	일상생활	경찰, 정보기관원의 일상적 감시
	대학 입학	사관학교, 대학입시 불이익
문화	이동 자유 침해	국내 여행 제한
	주변의 불이익	마을이나 주변으로부터의 불이익

---

5 여현철, 『전시 납북자 가족의 생애사 연구』(고려대학교 박사학위 논문, 2018), 130쪽 참조.

때문에 떨어지는 경우가 흔했다. 어떤 친구는 외삼촌 때문에, 다른 어떤 친구는 큰아버지 때문에 떨어졌다고 했다. 연좌제는 공식적으로 1980년에 폐지되었지만 비밀스럽게 1990년대 초반까지 유지되었다. 1990년 남한 인구가 4,287만 명이었는데 이 가운데 월북, 납북, 부역 명목으로 피해를 본 이들과 그의 가족들을 포함하면 적게는 피해자 규모가 인구의 10분의 1, 많게는 8분의 1 정도 되었을 수 있다. 이들은 오랜 세월 동안 사회와 이웃들로부터 체계적으로 배제되었다. 두 가지 피해 사례를 소개한다.[6]

> 나 여권 만든 게 3년도 안 됐어. 처음 냈어. …… 나는 내 앞으로 집 등기도 못 냈어. …… 전부 다 처한테 했어. 나는 그렇게 안 되어야 되는데도 느닷없이 다 빼앗기는 거야. 내 처가 대신 사회 생활하는 거야. 우리 집도 내 처 이름으로 되어 있어. 지금도 그래. 이러다가 내가 잘못되는 거 아닌가 …… 평생 가는 거야. 죽을 때까지 …… 누구든 다 그렇지 …… 딴 사람도(친구의 아내) 항상 피해의식을 갖고 있는 거야. 난 잘했어도 불리한 입장에 서게 되지. 이런 피해의식을 가지고 있는 거야.(2016년 5월 12일)

2016년이면 연좌제가 사라진 지 오래고 진보 정권이 두 번이나 정권을 잡은 뒤다. 납북자 가족에 대한 불이익도 사라진 뒤다. 그런데도 당시 70세인 응답자는 자기 집도 자기 이름으로 등기를 하지 못하고 있었다. 여권도 간신히 신청했다. 모두가 자유롭게 해외여

---

[6] 여현철, 「국가폭력에 의한 연좌제 피해 사례 분석: 전시 납북자 가족의 피해 경험을 중심으로」, 《국제정치연구》 제21집 1호(2018), 181쪽.

행을 다니던 때임에도 여권 발급이 거부될까 두려워 67세에 여권을 발급받았다. 더욱이 그는 이 피해의식이 평생 갈 것이라 고백하고 있다. "난 잘했어도 불리한 입장에 서게 되지." 그의 이 말이 그가 평생 안고 살아온 트라우마를 대변하고 있다.

> 정부(국가)에 요구를 한다고 되겠습니까? …… 열심히 살고 열심히 노력하고 나이 열여덟 살 때부터 민방위를 시작해서 나이 많아서 민방위 마칠 때까지도 잘하고 있는데 연좌제에 묶이다 보니까 기를 못 피잖아요. …… 사실은 모든 출세 길이 막히고 저도 초등학교 때부터 공부도 잘하고 그랬습니다. 반장질도 하고 그랬는데. 이후 높은 학교도 못 가고 묶이다 보니까 실패한 인생이 되었습니다.(2015년 12월 12일)

납북자 가족 혹은 그들의 자녀들은 열심히 공부하고 성적이 좋아도 좋은 중학교나 고등학교에 진학하기 어려웠다. 규모가 있는 회사나 대기업에 취업하는 것은 상상하기조차 어려웠다. 그래서 일부 납북자 가족 자녀들은 자신의 처지를 알게 된 순간 모든 것을 포기하기 일쑤였다.[7] 이런 일로 친척끼리 사이가 멀어지는 경우가 흔했다. 자기와 자기 식구 탓도 아닌 일로 차별받는 것이 억울해서였다. 하지만 그것이 이들의 탓인가?

이들은 애초에 기회를 박탈당하는 것은 물론 일상에서도 큰 불편을 당했다. 동네 사람들은 이들을 빨갱이 가족이라 하여 멀리했다. 혹시라도 불이익을 당할까 가까이 지내는 것을 꺼렸다. 이들 가

---

[7] 위의 글, 181쪽.

납북된 가족의 사진.

족은 경찰이나 관련 정보기관에 자주 불려 다녔다. 어디 며칠 출타하기라도 하면 경찰이 아무 때나 찾아와 이유를 꼬치꼬치 캐물었다. 애초에 이런 꼴을 보기 싫은 이들은 소규모 자영업을 하거나 산골에 숨어 농사를 지었다. 재산이 갑자기 불어나면 의심을 받을까 두려워 남들 사는 만큼만 살려 했다. 이리 사나 저리 사나 아무것도 달라질 게 없었던 이들은 연좌제의 존재를 의식하지 못하기도 했다. 사는 게 바빠서, 남이 관심을 가질 만한 일을 할 능력도 없었고 그런 일을 갖지도 못했기 때문이다. 이렇게 그들은 오랜 세월 국가와 이웃들로부터 차별과 배제를 당하며 인고의 세월을 보냈다. 설사 운이 좋아 이런 차별을 피하게 된 경우에도 언젠가 피해를 당할지 모른다는 두려움에 사로잡혀 있었다.

남은 자들의 트라우마

나의 처 이모부는 대구 사람이다. 그의 아버지는 1946년 10월 대구 항쟁 주모자 가운데 한 명이었고 전투 중 진압 경찰 총에 맞아 전사했다. 남은 가족은 막내이자 독자였던 그의 앞길이 막힐까 염려해 그를 친척 집에 양자로 보냈다. 그 덕에 어머니와 누이들이 전쟁 전에 모두 학살당했음에도 그만은 목숨을 보전할 수 있었다. 그는 친척 집의 살뜰한 보살핌을 받고 공부에 매진해 국내 최고 대학을 졸업하고 유학을 떠나 미국에서 교수가 될 수 있었다. 그러나 그에게 한국은 다시는 밟고 싶지 않을 만큼 싫은 땅이었다.

남은 자들이 갖는 가장 큰 트라우마는 국가 폭력에 대한 공포다. 이들은 살아남은 땅에서 국민임을 증명하기 위해 더 적극적으로 반공을 외쳐야 했고 자기를 괴롭히기만 하는 국가에 충성을 서약해야 했다. 그들은 자신의 언행이 언제 국가에 꼬투리가 될지 몰라 자기 검열을 일상화해야 했다. 그들은 자녀들의 미래를 위해 월북/납북/부역자 가족이라는 사실을 숨겨야 했다. 국가가 언제 돌변해 자신을 죽일지 몰라 두려워했다. 그래서 위축되고 아무도 믿지 못했다.

이들을 바라보는 이들도 국가 폭력에 두려움을 갖기는 마찬가지였다. 국가권력에 저항하거나 적대적 위치에 섰다가 대를 이어 수난을 당하는 이들의 모습을 보면서 주변에 있는 이들도 부당하고 불의한 국가권력임을 알아도 감히 맞설 용기를 내지 못하게 된 것이다. 남한에서 민주화가 더뎠던 이유다.

움츠러든 이에게 국가는 과도하게 커 보인다. 그럴수록 국가에 대한 공포는 증폭된다. 남은 자들은 이런 전능한 국가 이미지[8]를 내면화하면서 저항 의지를 잃게 된다. 인구의 일정 비율이 이런 트라우마를 안고 있고 이 트라우마가 그들을 바라보는 이들에게까지 전수되면서 과잉 이미지화된 국가는 군사 독재의 토양이 되었고 민주화의 걸림돌이 되었다. 12·3내란 사태에서 드러났듯이 남한의 지배 엘리트는 이런 과잉 국가를 여전히 꿈꾸고 있었다. 그래서 이 전쟁 트라우마는 여전히 진행형이라 보게 된다.

---

8 이수정은 이를 '국가 판타지'라 불렀다.

09

개신교와 학살

전쟁 중 그리스도인은 비폭력 평화주의를 실천할까? 아니 할 수 있을까? 가톨릭 신자인 폴란드인들도 2차 세계대전 때 유대인을 학살한 경험이 있으니 '쉽지 않다'고 답하는 게 정직한 태도일 것이다. 그 잔혹한 나치도 대부분 개신교 신자거나 가톨릭 신자였다. 지금 벌어지는 '러시아-우크라이나 전쟁'도 정교회 국가끼리 벌이는 전쟁이다. 더 깊이 들여다보면 서구를 대표하는 '개신교, 가톨릭, 우크라이나 정교회, 유대교가 연합'하여 '러시아 정교회'와 맞붙는 양상이다. 만일 이 전쟁을 그리스도교가 아니라 그 종교가 속한 국가가 벌이는 것이라 보더라도 그리스도인이 전쟁에 관여하고 있다는 사실은 달라지지 않는다. 본래 종교가 전쟁을 하는 것이 아니라 종교인이 전쟁하는 것이니 말이다.

폭력을 거부하고 '비폭력 평화주의'를 실천하는 그리스도인도 드물지만 존재한다. 하지만 이들의 존재는 폭력을 지지하는 그리스도인 규모에 비하면 미미한 수준이다. 그러면 그리스도인은 평화를 선택하는 이러한 소수 평화주의자의 존재에 만족해야 할까? 아니면 모든 그리스도인이 비폭력 평화주의를 실천해야 할까? 이 답을 찾기 위해 이 장에서는 6·25전쟁 중 개신교인이 관여한 학살 사건을 살펴보려 한다.

황해도 신천 학살 사건

신천 사건은 황해도 신천에서 1950년 10월부터 12월까지 일어난 집단 학살 사건이다. 이 사건이 일어난 1950년 10월에서 12월은 연합군이 인천상륙작전에 성공하여 압록강과 두만강까지 북진하는 기간이었다. 신천은 북위 38도 선에서 아주 가까운 곳이어서 유엔군이 가장 먼저 점령한 북한 지역 가운데 하나였다. 신천은 유엔군이 북진하는 루트와 다소 거리가 있었음에도 6·25전쟁기 한 지역에서 일어난 학살 규모로는 남북 합쳐 최대를 기록했다.

이 사건은 북한 지역에서 일어난 일이라 대부분의 남한 사람은 알지 못한다. 남한에서 일어난 일도 모르는데 북에서 일어난 사건까지 알고 기억해주길 바라는 것이 무리일지 모르겠다. 사정이 어떠하든 북한은 미군이 이 지역을 점령했던 52일 동안 3만 5,000여 명 이상의 민간인을 학살했다고 주장하고 있다. 물론 북한의 이

황해도 신천군 위치.

주장에는 과장이 있고 사실과 다른 점도 있다. 그러나 이 지역에서 대규모 학살이 벌어졌다는 점만은 남북 모두 인정하는 바다.

북한은 이 사건을 유엔군(미군)이 북한 땅에서 저지른 대표적 학살 사건이라 주장하며 외국인이 북한을 방문할 때마다 '미군의 만행을 고발하는 단골 장소'로 활용하고 있다. 반면 남쪽에서는 이 사건을 '10·13 봉기' 혹은 '반공 의거'라 부르며 성격을 정반대로 규정하고 있다. 과연 진실은 무엇일까? 그리고 이 사건에 개신교인은 어떻게 관여했을까?

사건의 배경과 전개 과정

신천은 황해도에서 평야가 발달한 곡창지대에 자리 잡고 있다. 이곳은 개신교가 일찍 전파되어 개신교 신자 비율이 높았다. 서울에서 가깝고 기차로도 연결이 가능해 선교사들의 접근이 쉬웠던 까닭이다. 당시 개신교인은 신문명에 일찍 눈을 떠 다른 주민보다 서양 학문을 먼저 접했고, 그만큼 부(富)에 접근할 가능성이 높았다. 당시 신천의 개신교인은 다수가 지주, 자본가와 소상공인으로 평균 이상의 생활 수준을 유지하고 있었다. 이들은 일찍 접한 서양 문명, 학문 덕에 교육계에도 많이 진출했다. 이것이 해방 전 이 지역의 사정이었다.

어느 날 이 지역에도 갑자기 해방이 찾아왔고, 38선을 경계로 남에는 미국이 북에는 소련이 진주했다. 애초 남북통일에 관심조차 없던 미국과 소련은 자신이 차지한 땅에 자기 체제를 이식하기 시작

신천리 학살 사건을 다룬 두 권의 책

하였다. 남한에서는 자본주의 개혁이 북한에서는 사회주의 개혁이 단행되었다. 북한에서 이 개혁은 신분 질서의 전복, 토지개혁, 종교인 특히 그리스도인의 회유와 탄압, 사회주의 개혁에 저항하는 이들에 대한 무자비한 살상 방식으로 진행되었다.

분위기가 이렇게 흘러가자 개신교인 지주, 자본가, 반공 의식이 강한 청년들이 탄압을 피해 일시 월남하거나 방어를 위해 동네에서 반공 단체를 조직했다. 1948년 이전까지는 38선이라야 땅에 그은 금에 불과했고, 북한도 자신들 뜻에 따르지 않는 이들의 월남을 눈감아 주던 터였다. 황해도에서도 사회주의 개혁 속도가 빨라지면서 남쪽으로 내려가는 이들이 늘어나기 시작했다. 초기에 남쪽을 택한 이들은 재산을 빼앗겼을망정 험한 꼴은 당하지 않았다. 그러나 월남을 주저했던 중소 지주 출신 개신교인은 점증하는 공산당의 탄압에 노출되기 시작했다.

이들의 토지는 과거 자신의 땅에서 소작을 부쳐 먹던 이들이나 사실상 머슴이었던 이들을 통해 몰수되기 시작했다. 이들은 과거 자신의 주인이었던 지주들을 가혹하게 다뤘다. 그들은 인민위원회에 차출되어 몇 달씩 사회주의 교육을 받고 자기 동네로 돌아와 인민위원회 간부가 되었다. 하루아침에 신분이 상승된 이들은 사회주의 혁명에 대한 신념과 자신의 주인에 대한 계급적 적개심에 불타 개혁에 반대하거나 소극적으로 저항하는 이들을 폭력적으로 다뤘다. 자기 집 머슴에게 수모를 당한 지주들은 수치심에 치를 떨었다. 그나마 이 정도는 양반이었다. 비협조적인 이들은 악질 반동으로 몰려 인민위원회에 끌려가 치도곤을 당하거나 죽임을 당했다. 날로 폭력의 강도가 거세지자 월남을 택하는 이들이 늘어났다. 일부는 게릴라전을 위해 산으로 들어갔다. 전쟁 전까지 38선 경계는 삼엄하긴 했어도 돈만 있으면 얼마든 월남이 가능했다.

반공정신이 투철했던 젊은 개신교인은 사회주의 정권하에서 온전하기 어려웠다. 이들도 자기 기준에서 보면 인민위원회로부터 봉변을 당한 경우였다. 이들에게는 사회주의 개혁이 마른하늘의 날벼락이었다. 그럼에도 당시 분위기에선 저항을 상상할 수 없었다. 저항은 곧 무지막지한 보복, 죽음, 미래의 삶을 공산당에게 저당 잡히는 것을 의미했기 때문이다. 그렇게 남쪽으로 내려가지 못한 이들은 분을 삭이며 사태 추이를 지켜보아야 했다. 반공 단체를 조직하여 산에 숨어 있던 청년들이 한밤중에 인민위원회를 습격하기도 했다. 남으로 내려갔던 반공 청년단 출신들이 가끔 고향으로 잠입해 보복 공격에 참여하였다. 이들은 고향으로 올라오면서 반공 세력에게 자금과 무기도 공급했다.

그러다 전쟁이 터졌다. 전쟁 초기 3개월 동안 인민군은 파죽지세로 남쪽으로 밀고 내려갔다. 이제 남녘도 곧 공산화될 모양이었다. 사정이 이렇게 전개되니 신천 지역 개신교인들은 더 숨을 죽여야 했다. 이제 영영 자신들의 세상은 돌아올 것 같지 않았다. 그런데 전쟁 발발 후 석 달이 돼가던 어느 날 유엔군이 인천에 상륙하며 북에서 남으로 길게 늘어진 인민군의 허리를 잘랐다. 이 일로 남부와 중부 지역 사이에 갇히게 된 인민군 가운데 상당수가 유엔군에 포로로 붙잡혔다. 일부는 유엔군을 피해 북상하거나 남쪽에 남아 게릴라전을 벌였다.

유엔군이 북진을 시작하자 일시 월남했던 동네 사람들과 청년들이 유엔군을 안내하거나 뒤를 쫓아 고향으로 돌아왔다. 유엔군은 두 달도 안 돼 압록강 두만강 선까지 파죽지세로 진격했다. 이로 인해 동네 분위기는 하루아침에 정반대로 바뀌었다. 유엔군이 들어오기 직전 고향에 남아 있던 개신교인들이 피난을 가지 못한 인민위원회 간부와 그의 가족들에 대한 보복을 시작했다. 곧이어 유엔군을 따라 고향을 떠났던 이들이 돌아왔다. 북녘땅의 주인이 유엔군(미군)과 국군이 되자 이들도 합세하여 공산주의자와 그의 가족들에게 보복 공격을 시작했다. 공격을 주도한 이들 상당수가 개신교인이었다. 이들은 상상할 수 있는 온갖 잔인한 방법으로 자신들을 공격했던 이들에게 보복했다. 학살 광풍을 피해 산으로 숨었던 인민위원회 소속 간부들과 그의 가족, 북으로 후퇴하다 잔류하게 된 인민군이 야밤을 틈타 보복하러 나오기도 했다. 이렇게 진영을 바꿔가며 보복에 보복이 이어졌다. 그러나 이미 이 지역은 유엔군 세상이었기에 반공 청년단과 주민들이 일방적으로 보복하는 경우가 더 잦았다. 학살 도구는 농기구, 몽둥이, 밧줄, 전깃줄, 성냥, 방화 등으로 다양했다. 총이 없다 보니 주변에서 쉽게 구할 수 있는 것이 무기로 사용되었다.

전선(戰線)이 압록강변으로 고착되며 곧 유엔군의 승리로 종전에 이르는 듯했다. 그런데 11월부터 조중 국경에서 중공군이 포로로 잡히기 시작했다. 해가 바뀌자마자 중공군과 인민군이 파죽지세로 밀고 내려왔다. 1·4후퇴였다. 중공군의 이 공세로 연합군은 평택, 제천, 동해 축선까지 밀려났다. 이 진격은 신천의 주인이 바뀌는 것을 의미했다. 사태가 이렇게 전개되자 반공 청년단과 치안대원들은 후퇴를 하게 되었는데 이들은 후퇴 직전 '그동안 가담 정도가 미미해 그냥 관찰(감시)만 하고 있던 사람들이나 강요에 의해 여성연맹, 직장연맹, 민주청년 조직에 들었던 주민 가족들과 인민군 가족까지 잡아들여 창고, 저수지, 다리 등에서 학살했다.' 이들은 이렇게 학살을 벌이고 남쪽으로 유엔군을 따라 피난을 떠났다.

유엔군의 공세로 북으로 떠밀려 올라갔다 다시 내려온 인민군들, 인민위원회 간부들, 산속에 은신해 있던 잔류 인민군과 인민위원회 소속 주민들이 동네로 들어왔다. 이제 그들이 보복을 시작했다. 남쪽으로 피난을 떠나지 못한 이들이 희생되었다. 군인처럼 무장할 수 없었던 이들은 집에서 흔히 구할 수 있는 도구로 학살을 저질렀다.

북한의 신천리 학살 기념관에 걸린 문구.

북한은 이렇게 양측 간에 일어난 학살을 유엔군 특히 미군이 일으킨 것이라 선전하고 있다. 당시 생존자들의 증언에 따르면 일부는 그런 것 같다. 남쪽에서도 북진 과정에서 유엔군 특히 미군의 지시에 따라 부역자들을 학살하는 일이 있었기 때문이다. 그러니 북한의 주장은 과장이긴 해도 어느 정도는 진실이라 할 수 있다.

당시 사건의 목격자이고 이 사건을 다룬 황석영 소설 『손님』의 실제 주인공 유태영 목사는 이 사건이 미군 학살에 의한 것이기도 하지만 더 사실에 가까운 것은 동족 간 이념 투쟁, 계급 투쟁이었다고 증언하였다. 그는 자기 동네에서 개신교인이 주동이 되어 일으킨 학살을 다음과 같이 증언하였다.

> 1950년 가을 유엔군이 들어오고 공산당이 망했다는 소문이 돌면서 산으로 숨어 들어갔던 동네 공산주의자들, 보름여 만에 굶주림을 못 이겨 산에서 내려온 이들을 기독 청년 중심으로 조직된 치안대가 학살했고, 우리 형도 치안대에 소속돼 이런 학살에 가담했다. 과수원 사과 움에 몇십 명씩 집어넣고 불을 지른 후 살아 나오는 사람이 있으면 쇠스랑 같은 농기구로 찍어 죽였다. 자신이 숨겨주었던 인민군 여성 선무대원을 이웃이 숲으로 끌고 가 학살하기도 하였다.

유 목사는 자기 고향 마을이 그리 크지 않았음에도 이렇게 학살당한 공산주의자들의 숫자가 350여 명이나 되었다고 증언하였다. 그러니 군(郡) 전체에서 일어난 학살 규모는 북한이 주장하는 대로 3만 5,000여 명일 수도 있을 것이라는 게 그의 주장이다. 이 지역에서 이런 일을 벌이다 월남한 개신교인, 천주교인의 증언도 이 사건이 실제로 일어난 일임을 확인시켜준다. 다만 피해자 규모와 사건 해석 방향이 다를 뿐이다. 당연히 남쪽으로 내려온 증언자들은 당시 자신들의 행동이 정당하였다고 주장한다. 누가 자기 가족을 죽인 줄 뻔히 아는데 어떻게 가만둘 수 있느냐고. 그리고 그들이 먼저 자기들 것을 빼앗고 해코지를 했는데 보복하는 게 정당하지 않으냐고.

신천 사건의 의미

신천 학살 사건도 6·25전쟁기 남과 북 곳곳에서 일어난 민간인 학살 사건과 유사한 구조를 가지고 있다. 일단 그 지역의 힘이 어느 한쪽에 집중되었을 때 일어났다. 남북이 분단 이후 각각 자신의 체제로 통일해 가는 과정, 6·25전쟁 발발 후 인민군이 남한 대부분 지역을 점령했을 때, 유엔군이 북상하면서 북한 지역 대부분이 유엔군 수중에 들어갔을 때, 반대로 1·4후퇴로 다시 인민군이 북한 지역을 되찾았을 때와 같은 경우 등과 유사하다. 신천 학살 사건은 북한이 지배하던 곳에 유엔군이 진주하면서 일어난 경우였다.

둘째 이 사건도 공산군이나 인민위원회에게 피해를 당한 이들의 가족이거나 공산주의를 싫어하는 반공주의자들이 저질렀다. 이들은 자신이 피해자였으니 가해자들에게 보복하는 것이 당연하다고 생각했다.

셋째, 이 사건에 개신교인이 다수 관여했다. 천주교 교세는 이 지역에서 개신교에 비해 크게 열세였으므로, 신자 일부가 학살에 가담하긴 했어도 개신교에 비교하면 규모가 그리 크지 않았다. 개신교인은 철저한 반공주의로 무장했다. 그들은 공산주의자들을 사탄이라 여겼다. 이들은 이러한 생각으로 사회주의 개혁에 극렬히 저항하였다. 그리고 이 저항이 자신들이 힘을 갖게 되었을 때 학살로 이어진 것이다. 소설가 황석영은 민족 입장에서는 사회주의와 기독교 둘 다 손님인데 상호 적대적인 두 손님 이데올로기가 신천에서 충돌한 것이라 해석했다. 개신교인의 공산주의에 대한 본능적 거부감이 학살에 대한 거부감을 줄여주었다. 더욱이 공산주의자들이 먼저 자신의 재산을 빼앗았고 종교 활동을 방해했으며 자신들을 온갖 방식으로 괴롭힌 일에 대한 대응이라 생각했으니 죄책감도 덜 하였다.

마지막으로, 개신교인이 이후 북한보다 가해자들에 대해 더 옹졸했다. 북한은 휴전 후 가해자들을 대부분 포용했다. 전쟁을 거치며 인구가 부족해진 탓도 있지만 사회주의 건설 과정에서 이들을 포섭하는 것이 가능하다고 보았기에 관용을 택했다. 이는 신천리에 기념관을 짓고 학살의 모든 책임을 미군에 전가하는 것으로 나타났다. 언뜻 보면 이 시도는 미국을 공격하는 것 같지만 자세히 들여다보면 동족끼리의 가해와 피해 기억을 반미를 통해 극복해보려는 의도가 숨어 있음을 알 수 있다. 실제로 북한은 가해자를 어느 정도 차별했다. 다만 사적 보복을 금지했고 연좌제도 실시하지 않았다. 반면 개신교인은 가해자들을 끝내 용서하지 않았다. 남한과 남한교회에서 기득권자들이 된 월남 그리스도인은 여전히 극단적인 반북, 반공을 외친다. 이들 가운데 일부는 북한 주민을 몰살시켜도 된다고 발언할 정도로 섬뜩한 반북주의를 드러낸다. 그들에게 북한에 대한 용서는 아직 상상할 수 없는 일인 듯하다.

그리스도인은 평화적일 수 있는가?

서구 교회사를 보나 우리 교회사를 보나 그리스도인이 대부분 전쟁에서 폭력 사용을 정당화하는 모습을 확인하게 된다. 유럽에서 그리스도인이 저지른 유대인 학살, 앞에서 소개한 신천 사건의 경우는 그리스도인이 폭력의 정당화를 넘어 가해자가 된 경우였다. 가해자가 되었을 때 보이는 잔혹성은 무종교인과 비교해 오히려 한술 더 뜨는 게 아닌가 싶을 정도일 경우도 있었다. 이럴 때 질문하게 되는 것이 '그리스도인은 모든 경우에 평화적일 수 있는가'다. 역사적 경험에 비춰보면 이 질문에 대한 답은 '아니오'다. 그러면 '아예 불가능하다는 말인가'라 물으면 이에 대하여도 '아니오'라 할 수 있다.

그리스도교는 처음 200년 동안 비폭력 평화주의를 실천했다. 그러나 제국의 종교가 되면서 폭력을 승인하기 시작했다. 다만 이 폭력은 방어적인 것이어야 했다. 정당방어의 경우에만 폭력을 용인했다. 그러나 이 원칙이 잘 지켜졌다는 증거는 없다. 어떻든 이러한 폭력을 조건부로 허용하는 입장을 '정당한 전쟁론'이라 부른다. 전쟁을 어느 때 정당화할 수 있는가를 판정하는 기준은 현대로 올수록 가짓수가 늘었다. 이 늘어난 기준을 제대로 적용하면 전쟁을 일으키는 일은 사실상 불가능하다. 그런데도 전쟁이 계속되는 것은 아무도 이 기준을 따르지 않는다는 뜻이리라.

그럼에도 놀라운 변화는 '비폭력 평화주의'를 선택하는 그리스도인이 늘고 있다는 사실이다. 정당한 전쟁론으로는 전쟁을 막을 수도 그치게 할 수도 없다는 것을 깨달은 그리스도인이 자기 지역에서 맨몸으로 평화의 가능성을 보여주고 있어서다. 더디지만 이들의 호소는 점점 힘을 얻고 있다. 이는 비폭력 평화주의가 실천 불가능한 일이 아님을 보여주는 사례로 볼 수 있다. 그리고 이러한 비폭력 평화주의 실천 사례는 그리스도인의 평화 의식이 성장한 결과이기도 하다. 그러니 더디 가도 '비폭력 평화주의'는 가능하다고 보아야 할 것이다.

그럼에도 불구하고

남쪽에서 일어난 민간인 학살도 밝히기 어려운 데 북한에서 일어난 학살 사건까지 밝히는 일은 무모하지 않은가 생각할 수 있다. 사실 그렇다. 남쪽에서는 그래도 맘만 먹으면 자료와 피해자와 가해자를 가려낼 수 있다. 그런데 북한은 물리적으로도 막혀 있고 자료도 제한적이다. 그럼에도 양쪽이 해석하는 방향에 휘둘리지 않으면 그 중간에서 희미하나마 '진실'을 확인할 수 있다.

유엔군도 38선을 넘어 북진할 때 북한 지역에서 무수하게 민간인을 학살하였다. 그러나 이는 전투 중에 일어난 적에 대한 살상으로 간주되었다. 남쪽에서 일어난 민간인 학살도 국군의 전공(戰功)으로 둔갑하는 마당에 북에서 일어난 학살을 누가 관심이나 갖겠는가?

그래서 이 분야 연구자들은 언제부터인가 양민 학살이란 말을 쓰지 않는다. 양민(良民)은 말 그대로 선량한 백성을 뜻한다. 양민 학살은 그런 선량한 이들을 적군이 죽였다는 뜻이다. 이렇게 불러야 적의 악랄함이 두드러지고 자신들이 피해자임을 강조하기 수월하기 때문이다. 그런데 전쟁사는 이 양민이 적이 아니라 아군에 의해 더 많이 살상당했다는 불편한 진실을 보여준다. 자국민을 지켜야 할 정의로운 국군이 자국민을 살해하다니. 애써 감추고 싶은 진실일 것이다. 남북 모두 그러했다. 지금 세계 다른 지역에서 일어나는 전쟁들도 예외는 아니다. 그저 어느 쪽 군인이든 군인이 아닌 이들을 죽이면, 또 민간인이 다른 민간인을 죽이면 모두 민간인 학살이다. 피해자들은 착하지 못해 죽는 게 아니다. 그저 그런 상황에 놓여 어쩌지 못해 죽임을 당하는 것이다. 따라서 엄밀한 의미에서 양민 학살은 없다. 민간인 학살만 있을 뿐이다.

결국 우리가 이런 불편한 진실을 직시하는 이유는 그래도 이런 상황이 닥쳤을 때 폭력을 줄이고 무엇보다 그리스도인으로서 비폭력 평화주의에 가까이 가고 싶어서다. 사실 민간인 학살의 경우 반대편에 대한 가해 못잖게 폭력에 동조하지 않는 같은 편에게 행사하는 폭력도 문제다. 이처럼 살인의 공모자를 만들기 위한 같은 편 내부의 폭력도 간단하지 않기에 그리스도인이 이를 피하려는 노력이 반드시 필요하다. 내 죄와 책임을 남에게 전가하지 않기 위해서라도 평화 감수성을 키워야 한다. 그리스도인이라면 더욱이 그러해야 한다.

10
천주교와 학살

전쟁이 곤혹스러운 것은 '그래도 종교인이 그러진 않았을 거야'라는 세인의 기대를 쉽게 무너뜨리기 때문이다. 이 가운데 하나가 '종교인(신앙인)은 험한 일에 가담하지 않을 것'이라는 기대다. 그러나 이 기대는 실상(實狀) 앞에 여지없이 무너지고 만다. 나는 이 불편한 사례를 앞에서 제시하였다. 그러니 그리스도인이 전쟁 중 가해에서 자유로울 리 없다. 물론 소수긴 하지만 인간이자 그리스도인이기를 포기하지 않은 신자가 있었다. 이런 소수의 존재 덕에 우리는 인간성에 대한 희망을 잃지 않게 된다.

학살 사건에서 천주교 사례가 적은 이유

나는 바로 앞에서 6·25전쟁 때 북한 지역에서 일어난 신천리 학살이 개신교인이 주도한 사건임을 밝힌 바 있다. 남한에서도 6·25전쟁 전후로 개신교인이 학살을 명령하거나 직접 학살에 참여한 사례가 제법 있었다. 이런 사례는 대부분 가해 당사자가 남긴 기록에서 확인할 수 있다. 가해자들은 자서전, 회고록 형식으로 6·25전쟁 전후 자신이 한 일을 신앙의 관점에서 서술하고 있다. 당혹스럽지만 이들은 이때 자신의 결정과 행동이 신앙의 동기에서 비롯된 것이었고 불가피한 상황에서 어쩔 수 없었던 것이 아니라 정당한 일이었음을 밝히고 있다. 이들은 신앙화된 반공주의로 자신의 반대편에 있던 공산주의자들을 악마화하였다. 악마화에 그치지 않고 자신이 가진 힘을 이용해 적극적으로 제거하고자 했다. 자신이 상대를 먼저 죽이지 않으면 살아남을 수 없는 상황이 아니었음에도 그렇게 했다. 이런 상황에서조차 살인을 주저해야 했는데 그러지 않았다.

    6·25전쟁기에 천주교 신자가 민간인 학살에 관여한 기록은 드물다. 여기엔 몇 가지 이유가 있다. 첫째, 당시 이승만 정권(특히 행정부)에서 천주교 신자가 힘 있는 자리에 있는 경우가 드물었기 때문이다. 천주교 신자는 입법부에 소수만 참여하고 있었을 뿐이다. 전쟁 중에는 직접 전쟁을 관할하는 국방부, 경찰을 관할하는 내무부, 정보 관련 부서가 핵심 권력기관이 된다. 이런 권력기관에 개신교인의 상당수가 고위직에 있었다. 알다시피 해방 후 미군정을 막후에서 지원했던 이들이 미국인 개신교 선교사들이었고 이들이 추천한 개신교 인사들이 미군정에서 요직을 차지했다. 이승만이 이 세력을 대표한다.

    이러한 배경 덕에 1948년 출범한 남한 단독 정부에서도 개신교 인맥이 두터웠다. 이에 비하면 천주교 신자는 미군정에 참여할 만큼 자격을 갖춘 이가 별로 없었다. 덕분에 요직에 참여할 기회가 적었다. 미군정으로부터 동일한 우대를 받았음에도 현실적 여건이 뒷받

> 제주 4.3사건(1948~1950) : 민간인 3만여 명 학살 추정
> 여수순천 사건(1948) : 민간인 7천여 명 학살 추정
> 문경 양민 학살사건(1949) : 민간인 86명 학살 추정
> 보도연맹 학살사건(1950) : 민간인 20만여 명 학살 추정
> 경산 코발트광산 학살 사건(1950) : 민간인 2574명 학살
> 제주 섯알오름 학살사건(1950) : 민간인 210명 학살
> 함평 양민 학살사건(1950) : 민간인 524명 학살
> 거창 양민 학살사건(1951) : 민간인 719명 학살
> 대전형무소 학살(1950) : 1차 1400여 명, 2차 1800여 명, 3차 1700여 명 민간인 학살

학살자 이승만의 악행 사례.

침되지 않았던 천주교 신자는 다행히 대규모 학살을 명령하고 집행하는 자리에 있을 수 없었다. 둘째, 당시 천주교 신자들은 숫자도 적었지만 자신이 가진 반공주의를 표현하는데 개신교인에 비해 소극적이었다. 이 원인이 외국인 선교사나 한국인 성직자들의 만류 때문이었는지 지금도 나타나는 것처럼 신자들의 소극성이었는지는 확인하기 어렵다. 셋째, 6·25전쟁기에 일어난 민간인 학살 실상이 처음 확인되었던 것은 4·19혁명 후 출범한 제2공화국 시절이었다. 이때 유족들의 요구로 정부가 피해 신고를 받았는데 당시 확인된 숫자는 120여만 명이었다. 그러나 5·16 쿠데타로 정권을 찬탈한 군부는 이 명단을 없앴고 이 조사를 주도한 유족회원들을 탄압하고 투옥하였다. 게다가 이후 30여 년간 반공 정권이 통치하면서 피해자 목소리는 철저히 억압되었다. 그러다 김대중 정부 들어서 간신히 조사가 시작되었는데 이때부터 확인한 사례는 전체 건수의 2%에도 못 미쳤다. 지금도 여전히 피해자와 피해자 유족들은 증언을 꺼린다. 그나

마 피해자는 드물게나마 증언하지만 가해자들은 철저히 함구한다. 이 때문에 설사 가해가 있었어도 알 도리가 없다. 마지막으로, 천주교 신자의 비밀주의. 교회에 해가 되는 일에 대해서는 침묵을 지키는 미덕 아닌 미덕으로 관련 사실을 제대로 공개하지 않기 때문이다. 그럼에도 일부 조사 자료, 신자들의 증언으로 관련 사례를 확인할 수 있다. 다음은 이러한 사례 가운데 하나다.

아산군 인주면 사례

1) 소동리 사건

2020년 한반도통일역사문화연구소가 발간한 『아산 민간인 학살 전수보고서』에 천주교 신자가 관련된 사건이 두 건 나온다. 이 가운데 하나는 소동리에서 일어난 희생 사건이다. 소동리 사건은 천주교 신자가 관여된 씨족 간 갈등이 원인이 되어 일어났다.

윤주홍의 아버지는 전쟁 전부터 음봉면 면장을 하였고, 해방 이후 국민회 회장으로 활동하였으며, 인주면 공세리성당의 핵심 교인이었다. 지주이자 부자인 윤주홍 집안을 중심으로 한 윤 씨들은 해방 후 우익진영을 형성하였다.

조성묵 집안을 중심으로 한 조씨들은 일제 강점기부터 (윤씨 집안과) 서로 경쟁하고 갈등하였다. 조성묵도 면장을 하였고, 우익에 속하였으나 남로당원으로 활동하다 희생된 사촌 조성옥을 비롯해 조성준, 조성태 등 조씨 집안 사람들이 전쟁 전부터 남로당원으로 활동하면서 좌익

진영을 형성하였다.

　일제 강점기부터 서로 경쟁하던 두 집안은 해방 이후 상호 적대적 이념을 중심으로 진영을 형성하여 갈등하게 되었다. 이런 상황에서 인민군 점령기 소동리 3구에 거주하던 윤주홍의 부가 피랍된 후 행방불명되었다. 인민군 패잔병이 윤주홍의 부를 납치할 때, 이완근이 협력하였고, 이로 인해 소동리 주민 중 부역 혐의가 있다고 추정되는 사람들, 특히 조씨들이 (수복 후) 다수 희생되었다.

　당시 부역 혐의로 희생된 주민은 소동리 1구 강만금, 조성옥, 조성준, 조성태, 소동리 2구 박보영, 이완근 등이었다. 수복 후 소동리 주민들의 처형을 주도한 것은 이북에서 월남한 백동제로 이완근을 마을 계곡에서 타살하였다. 전쟁이 끝난 후 윤씨들은 마을의 대소사를 주관하였고, 연좌제로 인해 통제를 받던 조씨들은 마을에서 기를 펴지 못했다. 유족들은 대부분 마을을 떠났다."[1]

　소동리 사건은 해방 전부터 존재하던 씨족 갈등이 전쟁 때 학살로 이어진 사례다. 이 사건에서는 공세리성당 유력 신자였던 윤씨 집안이 인민군 점령 시 조씨 집안으로부터 당한 피해를 수복 후 보복한 것으로 나타난다. 6·25전쟁 중 자주 일어났던 희생 사건 유형 가운데 하나였다.

　이 외에도 지주와 소작인 간 갈등, 오랜 개인 감정, 탐욕, 무고·모함 등의 이유로 학살이 일어났다. 이 가운데 씨족 간 갈등이 가장 잔혹했다. 어느 쪽이든 가족이 희생되면 대부분 잔인한 보복이 이어

1　한반도통일역사문화연구소, 『아산 민간인 학살 전수보고서』(2020), 189~190쪽.

아산 지역 민간인 학살지에서 발굴된 피해자 유골.

졌다. 한 동네에서 이렇게 일어난 가족(혹은 씨족) 간 상호 보복은 전쟁 이후에도 마을 공동체에 지속되는 불신과 대립의 원인이 되었다.

2) 밀두리 사건

다음은 밀두리에서 일어난 지주·마름과 소작인 간에 일어난 갈등 사례다. 전쟁 전부터 있었던 갈등이 전쟁 때 학살로 이어진 사례다.

민간인 학살 사건의 원인 중 하나는 전쟁 전부터 있었던 지주·마름, 소작농 간 갈등이었다. 마름 박수남·박봉연 부자와 소작농 장봉두 간 갈등이 이런 사례다.

당시 박수남과 박봉연 중 한 명은 박 바오로라는 이름을 가지고 있었는데 이들은 공세리성당을 다니면서 일제 강점기부터 밀두리에서 마름으로 활동하였다. 밀두리에는 공세리성당이 소유한 토지가 있었다. 이 토지는 드비즈 신부가 1897년 공세리성당에 부임하면서부터 장차 성당 건축과 서울·인천의 수녀원·고아원을 지원하기 위해 마련한 것이었다. 그 결과 공세리성당은 공세리 1구에 10만여 평, 밀두리[생원장]에 논 10만여 평, 영인면 창용리 논과 밭 10만여 평, 염전 등을 소유하게 되었다. 성당은 이 땅을 천주교 신자에게 소작을 주었다.

밀두리 진술인 이승재는 밀두리 박 바오로 형제는 공세리성당 교인으로 밀두리에 있는 토지를 관리하던 마름이었다고 하면서 이 사람들과 척을 진 사람들 간의 감정싸움이 전쟁 중 학살 사건으로 이어졌다고 하였다. 전쟁 전 마름 박 바오로와 소작농 장봉두 및 그를 지지하는 주민 간의 갈등이 있었다는 것이다.

진술인 오근환은 타작을 야박하게 한다는 것이 갈등의 원인이었다고 하였다. 박 바오로가 소작농이 가져가는 곡식과 내야 할 곡식을 야박하게 하였다는 것이다. 이와 관련하여 공세리 진술인 김 라파엘은 공세리성당 교인으로 당시 소지주나 마름이 소작농에게 곡식을 빌려줄 때는 말에 움푹 패인 상태로 곡식을 빌려주었지만, 소작농들이 곡식을 갚을 때는 말에 곡식을 수북하게 올려 받았다고 하였다. 공세리 천주교 소속 교인 마름의 이름을 특정하진 않았지만 이런 행태는 인주면도 예외가 아니었다고 하였다.

수복 후 밀두리 주민들을 가해한 사람들은 애국 동맹과 온양에 본부를 둔 태극단, 그리고 지역 자치치안대이다. 희생자 중 거의 대부분이 수복 후 자치치안대에 체포되어 공세리 방앗간 창고에 구금되었고, 이후 공세리 지서 뒤 교통호에서 처형되었다. 장봉두는 인민군 점령기 밀두리 인민위원장으로 활동하였다는 혐의와 전쟁 전부터 갈등 관계에 있었던 박수남과 박봉연 처형에 관련되었다는 이유로 자치대에 의해 체포되어 공세리지서 경찰과 자치대에게 처형되었다.[2]

밀두리 사건은 해방 전부터 존재하던 지주·마름과 소작인 간 갈등이 전쟁 때 학살로 이어진 경우다. 이 사건에서는 공세리성당 신자로서 마름 역할을 하던 신자들에게 소작농들이 인민군 점령기에 보복하였고, 수복 후에는 피해자 가족과 마을 사람들이 이들을 경찰과 자치대에 신고해 보복한 사건이었다.

이 사건에서 언급되는 공세리성당 상황을 눈여겨볼 필요가 있다. 증언자들에 따르면 공세리 성당은 일제 강점기 때 대지주였다. 공세리성당이 대토지를 소유한 것은 선교사들이 선교와 교회 운영에 드는 비용을 조달하기 위해서였다. 파리외방전교회 신부들은 이 토지 관리를 믿을 만한 신자들에게 맡겼다. 지주로부터 관리 권한을 위임받은 사람이 '마름'이다. 아마도 이 신자 마름들이 소작인들을 관리하면서 다른 비신자 마름들처럼 야박하게 굴었던 것 같다. 소작인들은 천주교 신자(또는 교회)는 다른 지주들과 달라야 한다는 생각이 강했을 것이기에 같은 행동도 더 야박하게 보았을 가능성이 있다. 어떻든 이 소작인들이 자신들이 주인이 되는 세상이 오자(인민군 진주) 마름에게 보복을 감행하였다. 이들이 지주 입장인 공세리 성당에 어떤 피해를 주었는지는 확실하지 않다. 인민군 점령기가 길어졌다면 공세리 성당 소유 토지도 몰수되었을 것이다.

그러면 이때 피해를 입은 신자 마름 집안 사람들은 인천 상륙작

---

2 위의 책, 207~208쪽.

아산 공세리 주변 항공 사진.

전이 성공해 국군이 아산 지역을 수복하게 되었을 때 어떻게 행동하였을까? 이 부분이 보고서에는 명확하지 않다. 다른 사례들에 비춰보면 직접 보복에 가담하거나 경찰과 지역 우익 치안대(자치대)에 신고하여 대신 처형하게 했을 수 있다. 이 사건의 증언자들이 이들 피해자 가족이 보복을 만류했다거나 적극 반대했다는 증언을 하지 않는 것으로 보아 그랬을 가능성이 크다.

이 사례에서 쟁점이 되는 것은 일제 강점기에 외방선교회들이 소유하고 있던 대규모 토지 문제다. 북한은 교회 토지를 1946년 말 모두 몰수했다. 덕원수도원 사례가 대표적이다. 이 교회 소유 농토는 당시 여러 기능을 하였다. 먼저 신자들이 너무 가난해 교회에 경제적 기여를 기대할 수 없었기에 선교 자금을 조달하는 기능을 하였다. 둘째, 가난한 신자들이 생계를 해결할 수 있는 수단이었다. 셋째, 신자만으로 감당되지 않는 면적은 소작을 주어 간접적으로 가난한 지역 주민을 구제하고자 하였다. 그러나 공산당은 이런 의도와 무관하게 교회를 악질 반동 지주로 간주하였다. 교회의 소작인들에 대한 처우와 관계없이 토지 소유만으로 그런 취급을 한 것이다. 이 때문에 교회는 공산당과 공산주의자들을 더 증오하게 되었다. 이를 계기로 이전에는 관념적이었던 반공이 이해관계 심지어 생존을 위협하는 현실에 대한 교회의 구체적 대응으로 이어지게 되었다.

대토지를 소유한 교회가 소작인들에게 부당한 처우를 한 사례가 얼마나 되었는지는 확인되지 않는다. 아마도 선교사들이 이를 허용하지는 않았을 것 같다. 그럼에도 관리를 위임받은 마름 입장에서는 다른 마름과 마찬가지로 행동했을 수 있다. 아마도 이러한 사례는 다른 지역을 조사할 때 나타날 수 있을 것이다.

공소에서 일어난 사건들

필자가 개인적으로 천주교 관련 학살 자료를 수집하는 과정에서 듣게 된 사례들이다. 이 사례들을 보면 신자라고 다 성당을 잘 다니고 공산주의를 멀리한 것이 아니었음을 알게 된다.

6·25전쟁 중에 일어난 갈등의 상당수는 토지 소유 문제가 핵심 원인이었다. 지금이야 농업 인구가 전체 경제활동인구 가운데 10% 미만에 불과하지만 일제 강점기와 6·25전쟁기에는 90%가량이 농민이었다. 생산수단 거의 전부가 토지였다. 이 때문에 토지 소유 여부는 농민에게 생존이 걸린 문제였다. 이처럼 소작인과 소농이 농민의 대부분을 차지했던 현실에서 사회주의자들이 내세운 토지 무상 배분은 매력적인 유인책이 아닐 수 없었다. 게다가 신분이 하루아침

에 역전될 수 있다는 사실도 매력적이었을 것이다. 이 때문에 신자들도 신앙과 별개로 사회주의에 호응하는 사례가 있었다.

이런 상황에서 어느 날 전쟁이 일어났고 불과 한 달여 만에 남한 대부분 지역이 인공 치하에 들어갔다. 이때 주민들은 이 상황이 계속될 것으로 생각했다. 자신이 바란 것은 아니지만 이런 상황에 놓이자 누군가에게는 이 뒤집힌 세상이 기회였다. 이런 세상을 기대했던 이들에게는 새 세상이 아닐 수 없었다. 신자도 예외일 수 없었다.

이들 가운데 일부가 새로운 지배자와 세상에 적극 호응하였다. 이 세상이 지속될 것이라 보였기에 거리낌도 없었다. 그러나 이 시기는 불과 3개월 천하에 불과하였다. 1950년 9월 유엔군이 반격을 시작하며 세상이 다시 바뀌었다. 이때 새로운 세상을 만났다고 환호하던 이들이 부역 혐의로 죽임을 당하였다. 신자들끼리 서로 죽이고 죽임을 당하지는 않았어도 적대 세력에게든 국군에게든 죽임을 당하는 경우가 종종 있었다.

조용한 산골 공소에도 학살의 그림자가 예외 없이 드리웠다. 심심 산중에 있던 교우촌 공소는 인민군, 국군 모두에게 위험한 곳이었다. 국군 입장에서는 이런 곳이 인민군 게릴라들이 숨어 있기 쉬운 곳이었다. 그래서 위험하게 보았다. 인민군 입장에서는 언제 신자들이 국군과 내통할지 알 수 없었다. 그래서 양쪽으로부터 시달렸다. 인민군에 부역한 신자 청년이 마을을 떠나 교우촌에 숨어 있다 죽임을 당하는 경우도 있었다. 앞으로 밝혀지겠지만 다른 지역에서도 신자들이 인민군에 부역하였다가 국군에 희생을 당한 경우가 적지 않았을 것이다.

신앙으로 전쟁에서 자신을 지킬 수 있을까?

인간은 자기 의지와 상관없이 전쟁 중에 본능적으로 생존을 추구한다는 말을 들으면 대부분 마음이 불편할 것이다. 나도 그렇다. 특히나 신앙인은 비신앙인과 달라야 한다는 생각을 강하게 하는 신자일수록 이런 말이 더 불편할 것이다.

그러나 우리의 이런 마음과 달리 전쟁 중에 생존 본능을 거스르는 신자는 소수였다. 그래도 그런 소수가 존재하지 않았느냐고 위로를 삼을 수 있다. 실제로 이런 행위는 영웅적이다. 순교로 추앙해도 부족함이 없다. 그럼에도 아쉬운 마음이 드는 건 어쩔 수 없다. 전쟁 중에 자신을 희생하여 보복의 악순환을 막는 것이 확실히 영웅적임에도 전쟁을 예방하는 것만큼 영웅적인 행동은 아닌 까닭이다. 아예 전쟁이 일어나지 않도록 신자들이 순교할 각오로 막는 것이 더 칭송을 받아야 마땅하다. 전쟁 중에는 희생을 당할지언정 남에게 피해를 주지 않고 전쟁이 끝난 뒤에는 화해를 촉진하는 것이 신앙인의 역할이다. 그런 신앙인이 많이 늘어나게 하자는 것이 우리가 전쟁 중에 일어난 민간인 학살에 관심을 갖는 이유다. 부디 그럴 수 있기를 바란다.

구자환 감독의 〈레드 툼〉(2015)은 민간인 학살 문제를 정면으로 다룬 다큐멘터리 영화다.

천주교와 학살 | 133

11
적대 세력에 의한 희생

나는 그동안 국가 폭력 희생자를 주로 다루었다. 그러다 보니 어떤 분들은 다소 편파적이라는 느낌을 받았겠다는 생각이 들었다. 이런 분들은 전쟁 중에 죽은 사람은 누구나 다 억울하지 특별히 더 억울한 사람이 있겠나 생각하셨을 것 같다. 그렇다. 그래서 연구자들이 주의를 덜 기울이는 적대 세력에 의한 희생 사례를 조금 더 다루려 한다.

적대 세력과 가해

진실화해위원회는 「과거사정리법」 제2조 1항 5호에 따라 적대 세력을 '1945년 8월 15일부터 권위주의 통치 시까지 대한민국의 정통성을 부정하거나 대한민국을 적대시하는 세력'으로 정의했다. 이 정의만으로는 적대 세력의 정체가 모호하니, 이 위원회가 조사 대상으로 삼은 가해자 집단을 열거하는 것이 도움이 될 듯하다.

이 위원회에서 적대 세력으로 간주한 이들은 '6·25전쟁에 참전한 인민군, 인민군과 함께 진주해 공산화를 추진했던 북한 측 인사, 해방 직후 남쪽에서 좌익 활동을 한 인사(주민), 인민군 점령기에 지시를 받아 설치됐던 각종 공산 조직에 가입해 활동한 인사(주민)들, 남한에 침투한 간첩 등'이다.

적대 세력에 의한 희생 유형은 주로 '테러, 피살, 폭력과 각종 괴롭힘' 등이었다. 적대 세력에 의한 희생은 6·25전쟁 전부터 나타났지만, 대부분은 인민군이 남한 지역을 점령했을 때 일어났다. 가해가 일어난 장소는 '궐기대회와 인민재판이 열린 장소, 마을에서 사람 눈이 덜 닿는 곳'이었다. 가해 주체는 인민군, 인민위원회 관계자, 마을 주민으로 구성된 좌익 치안대였다.

이들의 희생 원인은 일제 강점기까지 거슬러 올라간다. 일제 강점기에 친일한 이들은 거의 예외 없이 반동분자로 간주되었다. 해방 후 남쪽에서 좌익과 좌익 활동을 탄압한 군인, 경찰과 그들의 가족, 이들을 행정적으로 뒷받침한 공무원(이장 포함), 지주, 반공 활동에 앞장선 그리스도인도 반동분자로 분류되었다.

색출된 일급 반동분자는 그 자리에서나 인적이 드문 곳에 끌려가 총살, 척살 또는 타살되었다. 전쟁 초기에는 주민 복종을 유도하기 위해 마을 사람 모두가 보는 앞에서 이들을 처형하기도 했다. 반동 정도가 심하지 않은 우익 주민은 구타를 당하거나 다른 마을로 추방되었다.[1] 가해 때 사용한 무기는 주변에서 쉽게 구할 수 있는 칼, 몽둥이, 각목, 죽창, 쇠스랑 등으로 다양했다.

---

1 희생자의 가족, 희생자들은 상황이 바뀌었을 때 가해자 위치에 섰다.

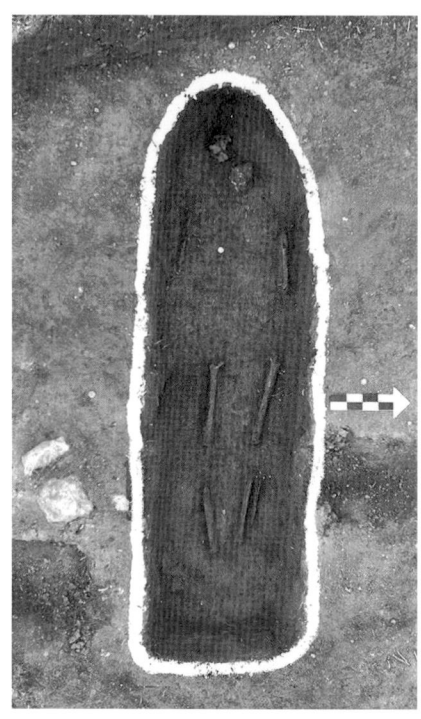

'전남 영광 적대 세력 희생사건' 피해자 고 김아무개 씨의 유해 발굴 모습(출처: 진실화해위원회).

그러면 6·25전쟁 때 일어난 적대 세력에 의한 희생자의 규모는 어느 정도였을까? 이제까지 밝혀진 바에 따르면 국가 폭력에 의한 희생자 규모의 5분의 1 정도 수준으로 알려져 있다. 이는 민간인 학살이 대부분 군인, 경찰, 우익(반공)단체에 의해 저질러졌음을 의미한다.

적대 세력에 의한 희생 양태와 규모는 지역마다 차이를 보였다. 크게 세 유형으로 나눌 수 있다. 첫째, 개전 후 인민군에게 일찌감치 점령당했다가 수복되어 계속 국군이 통제하던 지역이다. 경기도와 강원도 중남부, 충청도 중남부와 전북, 경북 지역이다. 이 지역은 적대 세력에 의한 피해가 한 번으로 그쳤다. 둘째, 전선이 오르내리며 주인이 여러 번 바뀐 지역이다. 충남 북부(아산), 경기도, 강원도 중북부 지역이다. 이곳에서는 희생이 두 번 이상 일어났다. 셋째, 유엔군의 인천상륙작전 성공 후 국군 진주가 늦었거나 진주하지 않아 동네에 권력 공백이 생겼던 지역, 전쟁 전부터 빨치산 활동이 활발해 경찰과 충돌이 잦았던 지역이다. 지리산 일대 경상도와 전남 지역이다. 이 지역은 수복 후에도 빨치산(좌익 세력)의 영향권 아래 놓여 피해 범위가 넓었고 지속 기간도 길었다. 특히 전남은 남한 전체에서 민간인 희생자가 가장 많았다.

적대 세력에 의한 희생자들은 국가, 민간 모두에서 주의를 기울이지 않던 대상이다. 전쟁 중에 흔히 일어나는 일이고 전쟁에서 아군이 승리하지 않는 한 딱히 가해자에게 책임을 물을 방법이 없기 때문이기도 하다. 한 마을에서 주민 사이에 일어난 희생의 경우는 전쟁 중 여러 차례 보복이 있었다. 전쟁 후에는 반공 정권이 득세하면서 이들의 죽음이 억울한 희생이었음을 증명해주었다. 보상과 배상은 없었지만 부역자 가족처럼 연좌제의 고통은 겪지 않았다. 그렇다고 이들이 부모와 가족을 잃은 억울함, 그로 인해 겪어야 했던 고통, 가족의 죽음을 목격한 데서 오는 트라우마까지 해결한 것은 아니다.

전쟁 중에 희생당한 군인, 경찰, 공무원은 국가가 보훈 사업을 통해 기억하고 추모했지만 민간인에게는 이런 대우를 하지 않는다. 진실화해위원회가 이 희생자와 유족을 위해 정부에 권고한 바와 같이 이들은 국가가 '국민의 생명과 자유를 보호해야 할 의무를 다하지 못하여' 발생한 피해자다. 따라서 이들에게도 국가가 공식적으로 사과하고 위령 사업을 지원하는 게 도리일 터. 이 장에서 소개하는 희생 사례는 앞의 둘째, 셋째 유형 가운데서 대표적인 경우를 선별했다.

충무공 대종손도 가해자였던 아산

한반도통일역사문화연구소에서 2020년 10월 15일 발간한 『아산 민간인 학살 전수조사 보고서』에는 충무공 이순신의 대종손 이야기가 나온다. 그는 충무공 14대 종손인 이응렬(1914년생)이다. 그는 6·25전쟁 당시 아산군 염치면에 살았다. 그는 인민군이 아산을 점령했던 시기인 1950년 8월 전후에서 유엔군이 이 지역을 탈환하는 1950년 9월 말(9월 26일)까지 아산군 인민위원회 고위직에 있었다. 그는 일제 말기 사회주의 계열에서 독립운동을 하다 징역 2년에 집행유예 3년을 선고받은 경력이 있었다. 해방 후에는 사회주의 계열 단체에서 활동하다 국민보도연맹에 묶이기도 했다. 6·25전쟁 발발 직후 아산에서도 보도연맹원 학살이 있었는데 천신만고 끝에 살아남았다. 그의 이런 경력이 그가 인민위원회에서 고위직을 맡았던 이유를 설명해준다.[2] 그는 인민군 점령 기간 아산군 전체에서 벌어진 우익 인사 학살에 깊이 관여했다.

그의 고향인 염치면 인민위원회는 인민군이 이 지역을 점령하자마자 그들의 방침에 따라 사회주의 기본 조직을 설립하고 반동분자 색출을 시작하였다. 반동분자 색출은 공산화 과정에 방해되는 이들을 사전에 정리하는 차원이었다. 인민위원회가 색출하려 한 반동분자는 '군인, 경찰, 공무원, 친일 인사, 지주, 이장, 개신교와 천주교 신자, 우익단체 회원, 기타 군인이나 경찰에게 공산주의자를 밀고한 사람' 등이었다. 이들은 주로 궐기대회 때 색출되었다. 마을(리)에는

---

2 김종성, 「용산에 끌려가고 이승만에게 박해받은 이순신 종손」, 《오마이뉴스》 2024.4.27.

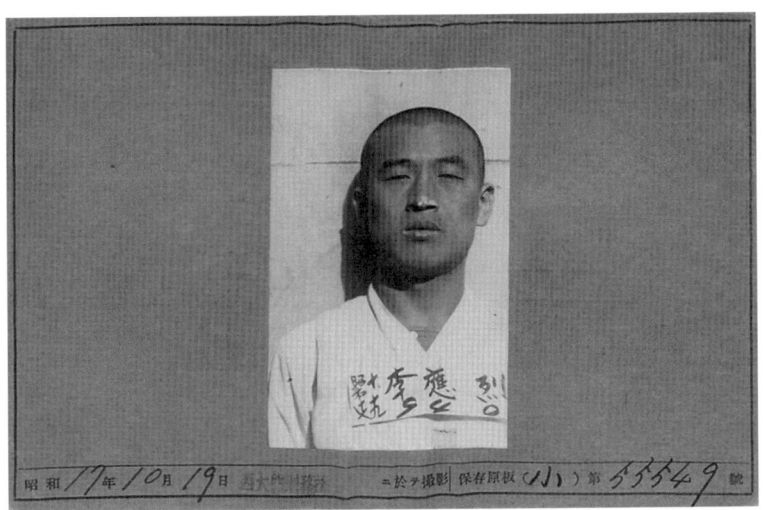

일제 강점기 독립운동을 하다 붙잡힌 이응렬.

면 인민위원회 산하 분주소(分駐所)가 설치되었는데 이곳에는 분주소장과 분주소원, 분주소장 밑에 (좌익)치안대(자위대)가 조직돼 있었다.

분주소장과 산하 치안대원들은 마을을 접수하자마자 궐기대회를 열었다. 궐기대회에는 마을 사람 전체가 참여했다. 이 대회에서는 인민군 진주 환영, 공산주의 강령과 정책에 대한 교육과 연설, 반동분자 색출 등이 이뤄졌다. 반동분자 색출은 마을 사정을 잘 아는 마을 주민 출신인 치안대원이 맡았다. 색출된 우익 주민은 그 자리에서 '즉결 처분(총살)' 당하거나 면 단위 인민재판에 넘겨졌다. 인민재판은 형식적 절차일 경우가 대부분이었다. 정도가 심하지 않은 것으로 분류된 우익 주민은 구타를 당하거나 마을에서 추방되었다. 이때 즉결 처분을 많이 당한 주민의 신분은 지주, 경찰, 공무원이었다. 당시 목격자들에 따르면 반동분자 색출과 즉결 처분은 치안대원의 임의적 판단에 따른 경우가 대부분이었다고 한다.

전쟁 초기 반동분자 색출 과정과 반동분자 처형은 마을 주민 입장에서는 충격적이고 공포스러운 일이었다. 어제까지 이웃이었던 사람이 어느 날 갑자기 자기 가족(과 이웃)을 죽이는 일이었기 때문이다. 생전 처음 보는 살인 그것도 어린 나이에 가족의 살해를 목격하는 일은 트라우마일 수밖에 없었다. 그나마 다행이었던 것은 전쟁 초기라서 한반도 남쪽의 공산화가 순조로울 것이라는 입장이 우세했고, 실제 전황도 인민군에게 유리해 피해 범위가 넓지 않았던 점이다.

그러나 이러한 분위기는 9월 말로 가면서 급격히 뒤바뀐다. 유엔군이 기습적으로 인천상륙작전을 감행해 북한군의 후방을 차단했기 때문이다. 인천상륙작전이 성공하자 유엔군은 9월 27일부터 천안에도 진주하기 시작했다. 국군과 피난에서 돌아온 경찰은 천안을 거점으로 삼아 인접 지역인 아산 점령 작전을 개시했다. 이 과정에서 군경과 후퇴하는 인민군 사이에 교전이 자주 벌어졌다. 인민군이 밀리며 국군의 아산 탈환 가능성이 높아지자 그동안 숨죽이고 있던 우익 단체원(태극 동맹, 대한청년단), 적대 세력에 희생당한 우익 인사 유족이 인민위원회 내무서, 분주소를 점령하고 부역 혐의자와 가족을 체포 구금했다. 그러자 아직 이 지역에서 물러가지 않았던 좌익 분주소원과 치안대원들이 우익 주민을 공격했다. 두 번째 피해였다. 섣불리 유엔군 환영 행사를 준비하던 주민들도 이들에게 희생당했다.

신창 전투에서 인민군이 국군에 패하며 아산에서 완전히 빠져

나가고 나서부터는 적대 세력[3]에 의해 희생된 유족 중심으로 조직한 자치(치안)대가 부역자와 부역자 가족에게 대대적으로 보복 학살을 감행했다. 1·4후퇴 때는 이들이 남은 부역자 가족까지 멸족에 가까운 수준으로 학살했다.

인민군이 물러가고 국군이 아산을 점령했던 1950년 10월 충무공 대종손 이응렬은 충무공 사당에 숨어 있다가 우익 태극동맹 단원에게 체포되었다. 처형을 기다리던 이응렬은 아산 지역 국회의원 이규갑의 도움으로 간신히 살아남았다. 이규갑은 이응렬이 충무공 대종손이었던 점을 고려했던 것 같다.

그러나 인민군 점령기에 분주소장을 맡았거나 치안대원 활동을 했던 그의 사촌, 육촌, 숙부, 조카 6명은 좌익 활동 혐의로 한날한시 우익 세력에 의해 희생당했다. 이응렬의 큰아들은 공부를 잘했다고 하는데 연좌제로 앞길이 막히자 현충사를 관리하는 하급 공무원으로 취직했다.[4] 이처럼 충무공 직계 후손도 가해를 피할 수 없었다. 충무공 집안도 빨갱이가 되었으니 역사의 아이러니가 아닐 수 없다.

한국의 킬링 필드 장흥

6·25전쟁 전후에 일어난 민간인 학살을 소재로 다큐멘터리 영

---

[3] 인민위원회, 민청, 여성동맹, 부녀 동맹, 농지위원, 치안대에 소속되어 활동했던 주민과 그들의 가족.
[4] 한반도통일역사문화연구소, 『아산 민간인 학살 전수조사 보고서』, 2020, 57~60쪽 참조.

구자환 감독의 〈장흥 1950: 마을로 간 전쟁〉 포스터.

화를 만들어 온 구자환 감독이 이달 초(2025년 4월) 새 영화 〈장흥 1950: 마을로 간 전쟁〉을 개봉했다. 독립영화라서 개봉 극장이 적었고 상영 시간도 들쭉날쭉해서 관람이 쉽지 않았다. 구 감독이 선택한 전남 장흥에서도 적대 세력에 의한 희생 사건이 일어났다.

장흥에서 일어난 희생은 중부 지방에서 일어난 희생 양태와 사뭇 달랐다. 방금 소개한 아산 지역은 인민군이 장악했을 때와 후퇴 시에만 희생이 일어났다. 국가 폭력에 희생된 이들의 숫자가 적대 세력에 의해 희생된 이들의 숫자를 압도했다. 반면 장흥은 상황, 피해자 규모에서 아산과 큰 차이를 보였다. 어떤 차이였을까? 진실 화해를 위한 과거사 정리위원회(이하 진실화해위원회) 『2022년 하반기 조사보고서』를 토대로 두 지역 간 차이를 비교해 본다.

사건 배경

6·25전쟁 발발 전 전남 장흥군 북부 유치면, 장평면 산악 지대에서는 빨치산이 활발하게 움직이고 있었다. 이곳의 빨치산들은 해방 직후 장흥 지역에서 활동하다 미군정의 탄압을 피해 입산한 좌익

활동가들, 1948년 5월 1일 메이데이 기념 집회와 남한 단독 선거 반대 투쟁 이후 군경의 탄압을 피해 숨어든 좌익 활동가들, 1948년 10월 여순항쟁에 참여한 잔존 세력들로 구성되었다. 이들은 유치면 소재 유치산을 근거지로 삼아 지서를 공격하거나 토벌에 나선 군인, 경찰과 교전을 벌였다. 이들은 가끔 주둔지 근처 마을에 내려와 식량과 필요한 물자를 조달했는데, 이 과정에서 협조하지 않는 마을 주민을 학살했다.

6·25전쟁 때 인민군이 광주, 나주, 화순을 거쳐 7월 28일 장흥군에 진입하였다. 당시 인민군은 장흥군을 거점으로 삼아 완도군 점령을 시도하였기에 장흥에는 인민군이 많았다. 인민군이 진주하자 빨치산들도 마을로 내려왔다. 장흥군에 주둔한 인민군은 정치보위부를 중심으로 군내무서, 면분주소, 분주소 산하 자위대를 설치했고, 인민위원회, 청년동맹, 농민동맹, 여성동맹을 신속히 조직했다. 인민군은 기본 조직 설립과 함께 반혁명 세력 이른바 반동분자 숙청 작업도 시작했다. 숙청 작업은 정치보위국 산하 치안 조직(자위대, 치안대)이 담당했다. 숙청 대상자는 지주, 경찰, 공무원이었다. 이들의 숙청은 면 단위 인민재판을 통해 이뤄지기도 했으나 대부분 즉결 처분이었다.

유엔군이 인천상륙작전에 성공하면서 장흥에 주둔한 인민군과 지방 좌익도 9월 28일부터 퇴각에 나서기 시작했다. 그러나 장흥에는 군경 진입이 늦었다. 이로 인해 군경이 들어오기 전인 10월 초까지 권력 공백이 발생했다. 남쪽 지역인 대덕읍, 회진면, 관산면의 경우는 빨치산이 장악했다. 이 때문에 국군이 들어올 때까지 이들로부터 우익 인사와 그들 일가가 희생을 당했다.

이처럼 장흥에서는 아산과 달리 전쟁 전부터 활동했던 빨치산에 의해, 6·25전쟁 때는 인민군과 산하 조직에 의해, 인민군이 후퇴하며 일시적으로 형성된 권력 공백기에는 지방 좌익으로 구성된 빨치산에 의해 희생되었다. 이 시기 이후에도 빨치산이 완전히 진압되기 전까지 전남 지방에서는 피해가 속출했다. 이는 아산과 확연히 다른 양상이었다. 장흥처럼 지리산으로 이어지는 큰 산들이 있어 빨치산이 활동하기 쉬웠던 전남의 다른 지역도 비슷한 양상의 피해가 일어났다.[5]

희생 이유

장흥군 대덕읍에서는 적대 세력에 의한 희생 사건이 120건 발생했다. 이들이 희생을 당한 이유를 빈도순으로 살펴보면, '경찰, 공무원(이장 포함)과 그 가족이어서'가 37%로 가장 많았다. 이어 '기타' 35%, '우익 인사(우익 단체원)와 그의 가족이어서' 28% 순이었다.[6] 기타에는 지주, 부자, 그리스도교인, 공산화 과정에서 비협조적이었던 이들이 포함되었다. 조사에 참여한 증인과 참고인들은 이들이 희생당한 원인이 최소 하나 이상인 경우가 대부분이었다고 증언했다.

가해 주체

장흥군의 경우는 가해 주체가 분주소원, 자치대원, 기타 여러 신

---

[5] 진실·화해를위한과거사정리위원회, 『2022년 하반기 조사보고서[2022.7.1.~2022.12.31.]: 제1권 총론』(2022), 239~240쪽.
[6] 위의 보고서, 281쪽.

분의 사람으로 다양했다. 그러나 당시 목격자들의 증언에 따르면 주축은 읍·면에서 활동하던 마을 사정을 잘 아는 지방 좌익이었다.

장흥의 희생 사례는 전남 화순, 영암, 함평, 강진, 무안에서도 비슷한 형태로 나타났다. 이 지역들은 전쟁 전과 전쟁 중에 빨치산 활동이 활발했다는 공통점이 있다. 이들 빨치산의 활동으로 이 지역들은 다른 지역과 달리 희생자가 많았고 희생이 일어난 시기도 길었다. 낮과 밤의 주인이 자주 바뀌면서 좌우 모두 피해가 극심했다. 이는 전쟁의 후유증이 이런 마을에서 계속되는 원인이었다.

왜 유가족은 진실 규명을 원할까?

진보 정권 때는 진실화해위원회의 진실 규명 대상이 대부분 국가 폭력 희생자였다. 반대로 보수 정권 때는 적대 세력에 의한 희생자들을 우선 대상으로 했다. 전쟁이 끝난 지 70여 년이 지났음에도 진실 규명을 둘러싼 기억 전쟁이 계속되는 셈이다.

진보 정권은 피해 규모가 훨씬 컸음에도 반공 정권이 방치해온 국가 폭력의 희생자들에 대한 기억과 추모가 더 중요하다고 생각했다. 진실화해위원회 조사관들도 이들의 희생 사실을 밝히는 데 열심이었다. 사명감에 가까운 열의였다. 이에 비해 적대 세력에 의한 희생자에 대한 관심은 적었다. 여기엔 나름의 이유가 있었다. 이들에 대해서는 전쟁 중임에도 국가가 조사를 진행했고 이름도 남겼기 때문이다. 이 가운데 우익 단체원들은 반공 투사로 추앙되기도 했다. 배상과 보상은 없었지만 이름조차 언급할 수 없고 국가가 조사도 하지 않는 부역자 가족에 비하면 나은 처지였다. 희생자의 주축이었던 경찰, 군인, 공무원은 국가의 보훈 대상이어서 보상을 받았다. 앞에서도 말했지만 책임을 물을 대상이 북한이거나 당사자를 이미 죽여 원수를 갚았기 때문에 굳이 억울함을 밝힐 필요가 없었던 이유도 있다. 그럼에도 희생자 가족은 진실 규명을 요청했다. 왜 그랬을까?

　전쟁 중에 그리고 전쟁 직후 정부가 조사한 적대 세력에 의한 희생 사례의 경우 이름, 주소, 가족 관계, 사망원인, 매장지 정도만을 내용으로 했다. 그러나 진실화해위원회에서는 이보다 범위를 넓혀 이들이 어떤 상황에서 누구 혹은 어떤 집단에 의해 죽임을 당했는지까지 밝혔다. 이를 위해 당시 목격자들의 증언과 참고인들의 진술까지 받았다. 3자에 의한 확인까지 거치고자 했다. 이는 국가에 책임을 묻는 행위인 동시에 적대 세력의 존재와 그들의 악행을 고발함으로써 나름 해원(解冤)을 도모한 시도였다고 할 수 있다. 희생자 유족에게는 6·25전쟁기에 죽은 가족이 적대 세력에 속하거나 그들에게 부역한 사람이 아니었다는 존재 증명을 오늘을 사는 후손과 동네 사람에게 하는 방편일 수도 있겠다. 더 중요한 이유는 모든 생명이 소중하고, 부모와 자녀의 희생은 누구에게나 큰 아픔이기에 과거를 기억하고 추모하는 것은 상처 치유에 도움이 되기 때문이다. 전쟁은 이렇게 어느 편이든 많은 피해를 낳고 깊은 내상을 남긴다. 그래서 더 이상 전쟁은 안 된다.

12
가해 트라우마

그동안 주로 희생자 이야기를 다뤄왔다. 특히 희생자와 그들의 가족이 전쟁 전후로 경험한 트라우마를 다뤘다. 그들은 여전히 목소리를 내기 어렵고 혹시 내더라도 들으려는 이들이 거의 없다. 이 때문에 이들이 말할 기회는 더 자주 있어야 하고 더 많은 이가 이들의 말에 귀 기울여야 한다. 이를 전제로 가해자들이 당시 일을 어떻게 기억하는지, 과연 그들한테도 그 사건이 트라우마로 남았는지 살펴보려 한다. 이를 위해 우리 사례와는 다소 거리가 있지만 비슷한 구조를 가진 한 외국의 사건을 소개하며 이야기를 풀어보려 한다.

폴란드 시골 마을에서 일어난 유대인 학살

몇 년 전에 본 영국 BBC에서 2000년대 초반에 제작한 다큐멘터리 이야기다. 제목은 기억이 희미하다. 그래도 내용은 기억에 선명하니 줄거리를 요약해본다.

이 다큐멘터리(이하 다큐)는 폴란드 어느 시골 마을에 사는 젊은 역사학도가 제2차 세계대전 때 자기 고향에서 벌어진 유대인 학살의 진실을 추적하는 과정을 다룬다. 이 다큐의 주인공은 마을 역사를 공부하다 우연히 고향 사람들이 같은 동네 유대인들을 잔혹하게 학살한 사실을 알게 된다. 그는 착하디착한 고향 사람들이 그리 끔찍한 일을 저질렀다는 사실을 도저히 믿지 못한다. 그래서 그는 진실을 알아보기로 결심한다.

그가 이런 결심을 하고 진실을 찾기 위해 반세기도 훨씬 지난 일을 탐문하고 다니기 시작하자 동네 사람들이 그를 대하는 태도가 달라진다. 그동안 잘 지내던 동네 어른들이 그를 피하기 시작한다. 무엇을 그리 알려느냐고 위협하기도 한다. 심지어 어느 날은 누군가 그의 집 문을 몰래 따고 들어와 벽에 도끼를 박아 놓고 조심하라는 경고 문구를 적어 놓고 가기도 한다. 그가 진실을 알려 하면 할수록 동네 분위기는 그에게 더 적대적으로 변해간다.

그러던 어느 날 학살 당시 이 동네에 살다 간신히 도망가 목숨을 구한 80대 유대인 노인이 방문한다. 그는 전후 미국으로 망명해 그곳에서 사업가로 성공했다. 이제 카메라는 그를 따라가기 시작한다. 60년 이상 흘렀지만 그의 고향은 달라진 게 거의 없다. 살림살이가 조금 나아졌을 뿐이다. 덕분에 그는 어렵지 않게 자기가 살던 집터며 놀던 거리를 찾을 수 있었다. 당시 어울려 놀던 친구들과 아직 세상을 떠나지 않은 동네 어른들도 그대로 살고 있었다. 그래서 그는 이들을 찾아다니며 어린 시절 기억을 떠올린다. 흥미롭게도 그가 기억하는 내용과 고향 사람들이 기억하는 내용은 달랐다.

제2차 세계대전 때 나치가 600만 명의 유대인을 학살한 사실은

폴란드인에게 희생된 유대인 가족.

전 세계인이 다 안다. 그러나 동유럽 여러 나라에서도 유대인을 학살했다는 사실은 잘 모르고 있다. 폴란드인들도 유대인을 학살했다. 희생된 유대인 숫자가 대략 20여 만 명에 이른다. 폴란드인들이 나치에 밀고하여 죽게 하거나 직접 죽인 경우였다. 이 사실은 지금도 잘 알려지지 않고 있다. 나치가 저지른 학살 규모가 너무 컸고, 다들 여기에 주목하다 보니 규모가 작은 사건들에 주의를 기울이지 않는 까닭이다. 해당 국가들에서 이 사실을 의도적으로 숨긴 것도 원인 가운데 하나다. 이제껏 자신들은 방관자였을 뿐 가해자가 아니라고 입을 맞추었는데, 자신들이 가해자인 것이 만천하에 드러나는 게 불편했기 때문이다.

    이 다큐의 무대인 시골 마을에서도 유대인 학살이 있었다. 이 시골 마을에는 학살이 있기 두 세기 전부터 유대인이 들어와 살기 시작했다. 이 동네 유대인 가운데는 폴란드 주민과 어울려 사는 이도 있었지만 대부분은 게토에 살았다. 유대인들은 이 게토에서 상부상조하며 폴란드인에 비해 평균 수준 이상으로 잘 살았다. 지역 상권은 유대인이 장악하였고 전문 직종도 대부분 유대인 차지였다. 그럼에도 두 민족은 우리로 치면 면소재지쯤 되는 곳에서 두 세기를 같이 어울려 살았다.

그러던 어느 날 이 동네에도 죽음의 기운이 몰려오기 시작했다. 나치가 이 마을에서도 유대인을 끌고 가기 시작한 것이다. 나치의 위협이 날로 거세지자 동네 분위기도 덩달아 험악해졌다. 주민들 가운데 일부는 나치를 데리고 다니며 유대인이 숨어 있는 곳을 알려주었다. 일부는 숨어 있는 유대인을 협박해 재산을 갈취했다. 아예 일부 주민은 몰려다니며 유대인으로부터 귀중품을 빼앗고 말을 듣지 않으면 죽였다. 나중에는 이유를 불문하고 죽였다. 방법도 다양하고 잔혹했다. 귀향한 유대인 노인과 그의 형은 이 학살 광풍이 불 때 그들을 숨겨준 이웃 덕분에 가까스로 목숨을 건졌다.

그 노인은 어릴 때 친구들과 동네 노인들을 찾아가 자기 아버지가 동네 사람들에게 얼마나 좋은 일을 많이 했는지 이야기한다. 그러나 동네 이웃들은 그의 아버지가 자기들을 무시하곤 했으며 장사를 할 때 폭리를 취한 경우가 많았다고 거짓말을 한다. 그래서 동네 사람들이 그의 아버지에 대한 감정이 안 좋았던 것이라 한다. 그러던 차에 나치가 유대인을 끌고 가 죽이기 시작하자 동네 사람들이 이를 틈 타 해코지했다는 것이다. 동네 사람들이 네 아버지를 죽인 일이 잘한 짓은 아니지만 네 아버지 잘못도 크다는 이야기를 듣자 노인은 참았던 울음을 터트린다. 동네 주민들과 화해하려 고향을 찾았는데, 용서를 빌기는커녕 아버지를 모함하는 그들의 모습에 억장이 무너진 것이다.

종전 후 폴란드인에게 학살당한 유대인 유가족들의 추모 행렬.

다시 이야기는 동네 역사학도가 어른들을 찾아다니며 인터뷰하는 내용으로 이어진다. 동네 어른들의 반응은 크게 다섯 가지로 나타난다. 첫째, 나는 보긴 했지만 직접 죽이거나 재산을 빼앗지 않았다. 단지 방관했을 뿐이다. 막아주지 못한 것은 유감이지만 자신은 아무 일도 하지 않았으니 사과할 이유는 없다. 둘째, 유대인 집에 들어가 재산을 빼앗긴 했지만 그들을 죽이거나 밀고하진 않았다. 셋째, 빼앗고 죽이는 데 가담했지만 이는 유대인들이 자신들한테 한 짓에 대한 정당한 응징이었을 뿐이다. 넷째, 둘 다 했지만 나치가 괴롭혀 어쩔 수 없이 한 것일 뿐 본의는 아니었다. '나라고 어쩔 수 있었겠는가? 그저 살기 위해 그랬을 뿐인 것을.' 다섯째, '나는 모른다. 기억 나지 않고 기억하고 싶지도 않다.'

이런 말을 들은 젊은 역사학도는 인터뷰에 응한 노인들에게 묻는다. '다시 이런 일이 벌어지면 어르신들은 어떻게 하실 건가요? 그때처럼 다시 그러실 건가요?' 이 질문을 받은 동네 주민들은 말을 못 잇거나 카메라 시선을 피한다.

다큐는 마지막에 이 역사학도가 이스라엘 한 고등학교 교실을 방문하는 장면으로 이어진다. 교사는 학생들에게 이 역사학도가 동네에서 하는 작업을 소개한다. 그의 간단한 소개가 있은 다음 질문과 답이 이어진다. 이때 한 여학생이 그에게 '왜 그때 폴란드 사람들은 자신들도 나치에게 당하고 있었으면서 우리 조상들을 보호하지 않았는가? 전쟁 후 독일은 반성하는 시늉이라도 했는데 폴란드에서는 그런 일들은 다 나치가 한 짓이라며 책임을 회피하지 않았는가? 아직도 자신들은 그런 일을 한 적이 없다고 잡아떼고 있지 않은가? 이렇게 반성하지 않는 사람들이 앞으로 다시 이런 일을 저지르지 말라는 법이 있는가?'라고 묻는다. 이 질문을 받은 역사학도는 자기 고향 사람들이 나치 위협 때문에 어쩔 수 없이 저지른 일이며, 전쟁 때는 이런 비이성적인 일이 흔히 일어난다고 답한다. 그리고 나와 같은 사람들이 점점 늘어나고 있으니 언젠가 공개적으로 사과하는 날이 올 것이라고 답한다. 그럼에도 이 여학생은 그치지 않고, '과거를 반성하지 않는 사람들은 다시 그런 일을 할 것이라며 나치 시절 벌인 일에 용서를 구하지 않는 폴란드와 폴란드인을 비난한다.' 그렇게 다큐는 이 질문을 받고 고향으로 돌아가는 역사학도의 뒷모습을 비추며 끝난다.

가해자 심리의 보편성

우리 이야기를 하자면서 남의 나라 이야기를 좀 길게 했다. 혹자는 그래도 폴란드인들은 다른 민족, 다른 종교를 가진 이들에게 그리 한 것이니 '동족끼리 잔혹극을 벌인 우리와는 경우가 다르지 않은가?' 물을 수 있겠다. 그렇다. 그들은 우리와 경우가 달랐다. 그럼에도 나는 이 이야기에서 보편적 요소들을 발견할 수 있었다. 특히 가해자가 과거 자신이 벌인 일에 대하여 취한 태도들이다. 아마 이 태도들은 그들도 인간이기에 갖게 된 트라우마의 변형일 수 있을 터. 그러면 우리에게는 이 가해 트라우마가 어떤 형태로 드러나고 있을까?

기억의 전유(專有)를 통한 합리화

1990년대 초반 MBC에서 〈이제는 말할 수 있다〉 시리즈를 제작한 적이 있다. 이 시리즈 30편은 '보도연맹 사건'을 다루었다. 유튜브에서 볼 수 있다. 나는 오래전 이 다큐를 보다 끄트머리에 6·25 당시 보도연맹원 학살을 집행하였고 현재 개신교회 장로라 소개하는 참전 장교(당시 중령)의 말을 듣고 큰 충격을 받았다. 그는 이렇게 말했다. "만일 6·25 때 보도연맹원 20만 명을 죽이지 않았다면 대한민국은 살아남지 못했을 것이다. 그들이 만일 살아서 인민군에게 협조했다면 남한은 김일성이 말대로 전쟁 3일 만에 공산화되었을 것이다. 그래서 그렇게 죽이길 잘했다."

다큐 앞부분에서 보도연맹 사건 피해자 유족들의 피맺힌 절규가 이어졌던 터라 득의만면한 표정으로 인터뷰에 임하는 그의 태도

프랑스 종군기자가 찍은 보도연맹원들을 형장으로 이송하는 장면.

와 표정이 나를 당혹스럽게 했다. 나는 그가 적어도 '전쟁이 아니었으면 희생되지 않았을 사람들이 그리 죽어 유감'이라는 정도는 말해 줄 것이라 기대했다.

　그럼 이런 이들처럼 자신이 인민군으로부터 대한민국을 지켜냈고, 전쟁 중에는 이런 일이 불가피한 정도가 아니라 반드시 필요했다고 생각하는 태도를 트라우마의 발현으로 볼 수 있을까? 나는 그들이 지금쯤이면 불행한 과거에 대해 최소한 회한 정도는 느낄 수 있어야 그들이 트라우마를 겪는 것이라 인정해줄 수 있다고 생각한다. 실제로 '이제는 말할 수 있다' 시리즈의 다른 사건들에서 당시 자신의 지위상 어쩔 수 없이 불의(不義)한 결정을 내려야 했던 이들(예: 법무관, 검사, 판사 등)이 불행했던 과거에 대해 회한을 느끼는 모습을 볼 수 있다. 이들은 전쟁이 아니었다면 그런 결정을 내리지 않았을 것이라 했다. 그러나 그런 일이 일어났고 그들은 그 일에 가책을 느겼다. 이렇게 전쟁 중이라 해도 사람이 사람을 죽이고 죽이게 하는 일에 양심의 가책을 느낄 줄 아는 것이 인간이지 않을까 생각한다.

안타깝게도 과거 불행한 사건을 자기 역사로 만드는 것을 넘어 공식 역사로 전유한 이들에게 이런 기대는 무망(無望)에 가까워 보인다. 이들에게 과거의 진실을 밝히는 일은 자신들이 세운 공(貢)의 가치를 떨어뜨리고 그들이 누리는 평판에 먹칠을 하는 일이며 더 심하게는 자신들이 누리는 기득권을 빼앗으려는 음모로 보일 테니 말이다.

부인(否認)과 회피

전쟁의 최전선에 있던 이들 대부분은 떠올리고 싶지 않은 기억을 간직하고 있을 것이다. 전투원들은 자신이 살기 위해 상대를 죽여야 했던 기억을 간직하고 있을 수 있다. 공중 폭격도 아니고 자신의 공격으로 다른 인간이 죽는 모습을 눈으로 지켜보는 일은 트라우마가 아닐 수 없었을 터. 더욱이 죄 없는 민간인들의 학살을 집행해야 했던 말단 병사들은 희생자들의 절망스러운 눈빛에 대한 기억으로 괴로웠을 것이다. 혹시 자기가 누군가를 모함하여 그를 인민군이나 국군한테 목숨을 잃게 했다면 그에게 그 사건은 수치로 남을 것이다. 그는 과거 그 일을 지금 어떻게 기억할까? 자기 자녀와 이웃들에게 자랑스럽게 말할 수 있는 일로 여길까? 군인도 경찰도 아닌 반공 청년단으로 일하면서 같은 동네 주민들을 죽였던 이들에게 그 사건은 지금 어떤 기억으로 남아 있을까? 전투에서 일어난 사건도 아니고 무장도 하지 않은 동네 이웃을 죽이거나 죽여야 했던 이들에게 그 사건은 떠올리고 싶은 기억일까? 그리고 가족들에게 떳떳이 말할

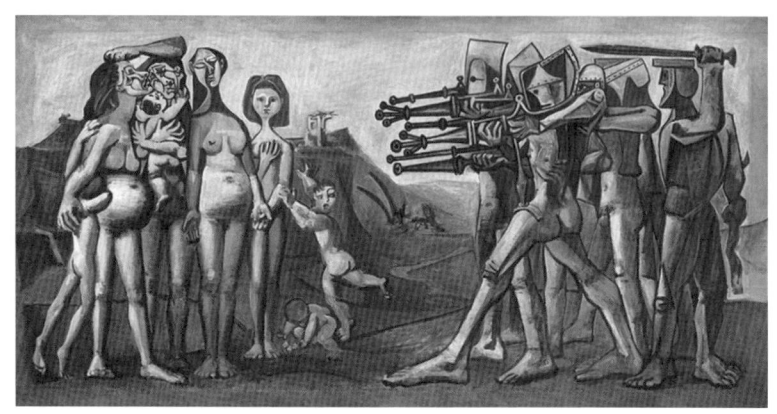

피카소의 그림 〈한국에서의 학살〉.

수 있는 사건일까? 만일 누군가 그 기억을 상기시키려 한다면 그는 어떻게 대답할까?

이런 이들이 구술한 내용을 기록한 글이나 〈이제는 말할 수 있다〉 같은 다큐멘터리에서 보면 이들은 대부분 조사자의 질문에 '내가 한 게 아니고 남이 한 것을 본 것이거나 들은 이야기다', '기억하고 싶지 않다', '어쩔 수 없었다'는 반응을 보였다. 그나마 이들은 대화에 응한 사람들이다. 하지만 대부분은 아예 대화 자체를 거부해 이야기를 들을 수 없다. 피해자들의 이야기는 그래도 더러 있는데 가해자들 이야기가 극히 드문 이유다.

그들의 기억은 절대 누군가에게 발설해서는 안 되는 성질의 것이다. 더욱이 가족들이 알아선 안 된다. 이들에게 이 기억은 자기 가슴에만 묻어두어야 하는 아프거나 수치스러운 것이니 말이다. 이런 이들에게 가해 기억은 필시 트라우마일 것이다. 그들도 인간이었고 당시는 안 그랬을지 몰라도 그 이후 언젠가는 이 순간을 후회했을 테니 말이다. 그럼에도 이런 이들 가운데 다수는 자신의 과거를 고백하고 피해자에게 용서를 청할 용기를 내지 못한다. 그 기억이 발설되는 순간 그 사태는 동료들로부터 따돌림을 당하는 원인이 될 수 있고, 친구와 가족으로부터 외면당하는 빌미가 될 수 있기 때문이다. 그래서 이들은 과거 사건을 부정하고 회피하는 길을 택한다. 어떤 경우는 자기 일을 남의 경험처럼 이야기한다.

적극적 항변

세 번째 유형은 합리화의 한 방식일 수 있다. 이들에게 반성의 의지가 있는지는 잘 모르겠고 모든 것을 전쟁이나 북한 탓으로 돌리는 경우다. 자신들이 저지른 가해도 전쟁 탓이기에 책임이 별로 크지 않다고 보는 입장이다.

폴란드 시골 주민들도 자기들이 벌인 일은 나치의 침공이 아니었으면 일어나지 않았을 일이라 변명했다. 더 나아가 유대인들이 그리 부를 독점하지 않고 자기들과 비슷한 수준으로 살았다면 그럴 일이 아예 없었을 것이라 했다. 유대인들은 종교가 다른 데다 자기들끼리만 모여 살고 우리보다 잘 사니 미움을 사는 게 당연했다는 것이다.

이런 태도는 우리 땅에서 부역자들을 학살하는 입장에 있던 군인, 경찰, 경찰의 후원과 관리를 받던 반공 청년 단체원 가운데서 많이 발견된다. 학살의 소용돌이에서 살아남은 이들 가운데 더러 이런 말을 하는 이들도 있다. '누가 나서라 했는가? 아무리 살기 위해서라도 그렇지 그리 나설 필요가 있었는가? 모난 돌이 정 맞는다고 하지 않았는가? 그냥 관망하든지 도망을 가든지 했어야 하는 것 아닌가?'

그러나 당시 이런 일이 가능하지 않았다는 것을 누구보다 잘 아는 게 그들 자신이다. 피해자들은 가족을 살리기 위해 나서지 않을 수 없었고, 도망을 갈 수도 중립을 택할 수도 없었다.

사실 불가피한 상황에서도 최대한 피할 수 있는 길을 찾아야 하는 게 사람의 도리다. 그런데 일부는 필요 이상으로 심하게 굴었다. 다큐멘터리 영화 〈태안〉에서 한 증언자는 자기 마을 경찰지서장이 부역 혐의로 끌려온 주민 40여 명을 직접 몽둥이로 뒤통수를 때려 죽여 우익조차 혀를 내둘렀다며 그의 악행을 고발한다. 그래서 그 지서장은 말년에 실명을 당해 고통스럽게 살다 죽었다는데 동네 사람들은 그가 벌을 받은 것이라 믿는다고 했다. 그와 같이 굳이 그러지 않아도 되었는데 그리 심하게 한 이들이 있었다. 그렇다면 그것은 본인의 인간성 문제이지 상황 탓은 아니다. 적어도 우리가 책임 윤리를 지지한다면 이렇게 말해야 한다.

가해 트라우마를 어떻게 해결할까?

6·25전쟁 때 벌어진 학살의 정점에는 미군이 있었다. 미군은 전쟁을 빨리 끝내는 데 목적을 두었기에 군사작전에 방해가 되는 이들이면 피아(彼我)를 가리지 않고 살상했다. 그들이 이를 직접 행동에 옮긴 방법은 공중 폭격, 기총소사, 포격, 고의 살상이었다. 전쟁터가 아닌 일상에서도 한국인을 죽이는 일이 흔했다. 이승만은 미군의 이런 악행을 알면서도 그들이 전쟁을 도우러 왔으니 작은 피해는 눈감아야 한다며 굳이 문제 삼지 않으려 했다.

미군은 이에 그치지 않고 한국군에게도 자신들처럼 행동하도록 지시했다. 작전 지역에 방해가 되는 이들, 특히 부역자 가족이나 친척들이 살고 있으면 모조리 죽이라

다큐멘터리 영화 〈초토화 작전〉 포스터.

했다. 군인들은 이 일을 지역 경찰에 맡겼다. 고위 경찰은 지서 말단 순경들에게 맡겼다. 순경들은 상부 지시를 받고 자신들이 직접 집행하거나 마을의 우익 청년단을 동원해 같이 했다.

이렇게 미군 바로 밑에 이승만이 그 밑에 국방장관, 내무장관이 다시 그 밑에 경찰서장, 지서장, 말단 순경으로 이어지는 수직적 학살 체계가 존재했다. 그래서 말단에서 처형을 집행한 이들은 죄의식이 적었다. 시키는 대로 했다고 생각했기 때문이다. 학살을 뒷받침하는 논리는 단순했다. '이놈들은 빨갱이니 지체 없이 그리고 가차 없이 죽여도 된다. 게다가 이들은 우리 군경 가족들을 직접 죽이거나 방조한 자들의 가족이니 죄책감을 느낄 필요가 없다. 이놈들을 죽이지 않으면 이들이 언젠가 인민군과 함께 우리를 죽일 것이다. 그러니 이들한테 죽지 않으려면 먼저 죽여라!'

가해자 누군가는 자유민주주의에 대한 신념 때문에 그랬다고 할 수 있다. 반대쪽은 사회주의에 대한 신념 때문에 그랬다고 할 수 있다. 누군가는 전쟁과 학살을 출세 기회로 삼았을 수 있다. 명백히 학살이었음에도 무공(武功)으로 둔갑한 일이 적지 않았던 게 그 증거다. 개인 의사와 상관없이 군대나 경찰의 억압적인 조직 문화 때

문에 그랬을 수 있다. 상명하복 문화에다 전시 상황까지 더해져 명령 불복종은 바로 죽음을 의미했으니 말이다. 그래서 먼저 죽이지 않으면 자신이 죽어야 했다. 공명심 때문에 한 이들도 있다. 이런 이들은 굳이 하지 않아도 또 그리 심하게 하지 않아도 될 일을 한술 더 떠 했다. 사적 보복을 위해, 전쟁 염증 때문에 화풀이 수단으로 이용하기도 했다.

가해에 대한 죄책감이 전혀 없는 이들은 어찌해볼 도리가 없어 보인다. 그러나 일말의 후회, 회한이라도 느끼는 이들이라면 트라우마 해결의 길에 들어설 수 있을 것이다. 대체로 선택할 수 있는 길은 다음 세 가지다.

첫째, 자신이 전쟁 때 벌인 일을 기억하고 구술하는 것이다. 직접 쓰는 게 좋지만 나이가 적지 않을 것이므로 더 늦기 전에 기억을 더듬어 기록으로 남기는 것이다.

둘째, 전쟁을 큰 맥락에서 보는 것이다. 남북 모두 거대한 국제 정치의 소용돌이에 휘말린 결과로 보자는 것이다. 6·25전쟁은 내전(內戰)의 요소도 있었다. 그러나 그 이전에 일제로부터 자주적으로 독립하지 못했던 사정, 점령국들의 분할 의도와 자기 체제 이식(移植) 시도, 갑작스러운 독립으로 나름의 정치 체제를 스스로 수립하는 기간과 몸에 익힐 시간이 짧았던 점 등은 한계였다. 남과 북이 조급하게 자신의 체제로 통일을 시도했던 점도 전쟁 원인 가운데 하나였다. 따라서 전쟁은 스탈린과 김일성의 오판으로 시작된 것이 맞지만 남북은 그 이전부터 상호 적대감을 부채질해 왔던 것도 사실이다. 전쟁 중에는 비전투원이었던 자국민들에게 가혹했다. 이런 일들은 양쪽 모두에서 일어났다. 정전협정을 맺은 지 두 세대가 지난 지금 시점에는 이렇게 전쟁을 객관화할 수 있어야 한다. 이렇게 하면 서로가 가해자이면서 피해자이기도 하다는 생각을 할 수 있다. 그렇게 서로를 안쓰럽게 보고 그럴 수밖에 없었던 모습을 인정할 때 화해의 실마리도 찾을 수 있을 것이다.

 마지막으로, 아무리 구조적 원인이 크게 작용하는 전쟁이라도 그 안에서 심하게 인간성을 상실한 모습을 보였다면 이를 부끄럽게 여기는 게 사람의 도리다. 이는 공개적으로 반성해야 하는 죄다. 적어도 그런 의식이 있어야 한다. 그래야 다시 이런 일을 반복하지 않을 수 있다. 우리 의지와 상관없이 전쟁 위협이 커지는 요즘 새삼 생각해봐야 할 문제다.

13

전쟁 중에 싹튼 인간애

사람은 전쟁같이 극한 상황에서 대부분 생존 본능을 따르는 것 같다. 그동안의 사례를 보면 그렇다. 다행히 대부분이 그러할 뿐 모두가 그런 게 아니라는 사실이 그나마 위로가 된다. 전쟁 중에도 극소수긴 하지만 살신성인하는 이들이 존재한 까닭이다.

이런 이들은 당연히 종교인일 것 같은 데 반드시 그렇진 않다. 이런 이들은 직책(군인, 경찰)상 자기가 죽여야 할 사람을 너무 잘 알아서, 자기가 대신 죽으면 죽었지 도저히 다른 사람을 죽일 수 없어서, 아무리 큰 위기라도 인간성을 포기하면 안 된다고 생각해 살인을 거부했다. 안타깝게도 이런 이들 가운데 일부는 명령을 거부했다는 이유로 군인에게 총살당했다.

마을 전체가 화를 피한 경우도 드물지만 존재했다. 주변 마을에서 수십 수백 명이 학살당하는 와중에도 이런 마을에서는 학살이 일어나지 않았다. 우연이 아니었다. 그런 곳에는 신앙으로 일치돼 있거나, 신앙을 떠나 오랫동안 유지되었던 공동체와 이념을 초월해 누구나 따르는 어른이 있었다.

보도 연맹원 처형을 거부한 경찰들

민간인 학살에서 가장 많은 피해를 당한 대상이 보도 연맹원이었다. 이들은 대부분 해방 직후 민족의 미래를 놓고 여러 정파가 대결할 때 주로 사회주의 계열에 참여하였다. 좌익이 주도한 파업, 각종 집회에 참석했다가 잡혀 경찰의 감시나 특별 관리를 받던 이들이 많았다. 공무원들은 보도연맹을 조직하던 무렵 실적을 위해 좌익 활동과 아무 관련이 없는 마을 사람을 강제로 가입시키기도 했다. 글을 몰라서, 정신이 모자라서, 친구가 하자고 해서 가입한 경우가 제법 되었다.

이승만은 전쟁이 나자 이들이 인민군에 동조할 수 있다는 이유로 학살을 명령했다. 이 명령에 따라 보도 연맹원들은 남의 동네 산골짜기, 동네 하천변, 혹은 바다로 끌려 나가 총살, 타살 그리고 수장(水葬)당했다. 대부분의 군인과 경찰은 상부의 명령을 충실히 이행했다. 그래서 어떤 이는 그가 평생 먹을 닭보다 많은 사람을 죽이기도 했다. 이런 상황에서 목숨을 걸고 상부의 명령을 거역한 이들이 있었다. 이 사례들은 민간인 학살 연구에 헌신해 온 임영태 선생이 자신의 저서 『한국에서의 학살』(통일뉴스, 2017)에서 소개하고 있다.

임영태, 『한국에서의 학살』(통일뉴스, 2017).

김해 한림면 면장 최대성

6·25전쟁 발발 후 김해 한림면에 있던 보도연맹원들이 면(面)에 있는 금융조합창고에 구금되었다.[1] 우익 단체인 대한청년단원들과 한림 지서 경찰들이 이들을 끌어다 죽이려 했다. 그러자 면장 김대성은 창고에 구금된 사람들 가운데 젊은 사람은 모두 대한청년단(우익단체)에 가입시켜 빼주고, 나이 든 사람들은 창고 뒷구멍으로 도망가게 했다. 그 덕에 창고에 갇혀 있던 한림면 보도연맹원은 단 한 명도 목숨을 잃지 않았다.[2]

양산군 웅산면 지서장 오경환

양산군 웅산면은 당시 관내에 빨치산이 자주 출몰했기 때문에 좌익 활동을 하지 않은 사람까지 빨갱이로 몰려 경찰의 관리를 받고 있었다. 지서장 오경환은 그들이 무고하다고 생각해 부하들에게 학살 대상자 명단을 파기하도록 지시했다.

그는 양산경찰서 사찰 주임이 웅상면 보도연맹원을 소집해 보내라고 전화했을 때 '서창 (웅상면) 사람 하나라도 끌고 가면 너는 나한테 죽는다'고 하여 보도연맹원 이송을 막았다. 그 결과 웅상면에서 희생된 보도연맹원은 단 네 명에 불과했다.[3] [4]

---

[1] 당시 면사무소나 읍사무소 소재지에 있는 조합창고나 공공기관의 창고 등은 전쟁 직전과 직후에는 보도연맹, 수복 후에는 부역자와 그의 가족들을 학살하기 전에 가둬두는 장소로 쓰였다. 경찰과 준경찰 조직원들은 이러한 창고에 수십 명, 수백 명을 가둬두었다가 낮이나 한밤중에 골짜기나 강가, 바닷가로 끌고 가 학살하였다.
[2] 임영태, 『한국에서의 학살』(통일뉴스, 2017), 226쪽.

괴산군 증평면 지서 주임 안대용

괴산군 증평면 양곡창고에도 일부 보도연맹원과 보도연맹에 가입한 군·경 가족이 구금돼 있었다. 지서 주임 안대용은 군·경 가족과 증평지부 간부인 지 아무개를 살리려 마음을 먹었다. 그는 양조장과 양곡창고 구금자들이 7월 9일 옥녀봉으로 송될 때 증평읍 송강리 공동묘지에서 공포탄을 쏘며 튀라는 말과 함께 도주시켰다. 이때 같이 이송되던 용강리 보도연맹원들도 군·경 가족 보도연맹원들과 함께 풀려났다. 지서장 안대용은 이 일로 헌병에게 총살당했다.[5]

보도연맹원을 살린 경찰과 그의 공덕비.

---

3 다른 지역에서는 최소 수십 명에서 수백 명에 달했다.
4 임영태, 앞의 책, 227쪽.
5 위의 책, 228쪽.

천안 김종대 경찰서장

충청남도 천안에서는 인민군에 의한 우익 인사 희생이 일어나지 않았다. 당시 경찰서장이었던 김종대가 후퇴할 때 예비검속되었던 보도연맹원을 모두 풀어준 덕분이었다. 그는 보도연맹원의 처리 방안을 고심하다 후퇴할 때 이들을 전부 풀어주었다. 그 후 서천, 보령 등지에서는 인민군들이 후퇴하면서 보복 차원으로 우익 인사를 많이 죽였는데 천안 지역에서는 '저들도 살려주었는데 우리도 살려주자'면서 많은 사람을 살려주었다. 그 덕분에 천안은 좌우 모두로부터 피해를 면할 수 있었다.[6]

군인이 절대 권한을 갖는 전쟁 상황에선 같은 편인 경찰도 약자였다.[7] 군인들의 지시를 거부하면 경찰도 죽임을 당했다. 이런 상황에서도 자신의 목숨을 걸고 보도 연맹원 학살을 막은 의인들이 있었다. 이러한 살신성인 행위는 누구나 할 수 있는 일이 아니었다. 이런 이들이 있었기에 우리는 인간성에 대한 희망을 잃지 않게 된다. "그러나 예비검속된 보도연맹원의 규모나 이후 학살된 인원을 생각하면 이런 일들은 극히 예외적인 경우라 밖에 볼 수 없다."[8]

---

6 위의 책, 290쪽.
7 일제 강점기에는 경찰의 권한이 강했다. 해방 후 전쟁 전까지 그러했다.
8 임영태, 앞의 책, 231쪽.

서로를 보호한 신앙 공동체

해미성당 사목회장을 역임한 정원 사도요한 선생은 2020년 팔순 나이에 『꿈결 같은 80년 인생살이』라는 수필집을 냈다. 그는 이 수필집에서 당신이 살았던 해미 대곡리 공소 사례를 소개한다. 6·25전쟁 시기에 마을에서 일어난 다른 이야기도 몇 편 더 소개하고 있는데 이는 당시 보통 사람이 경험한 전쟁의 모습을 잘 그린 사례다. 이 책은 해미국제성지 신앙문화연구원 서종태 원장이 필자를 위해 일부러 복사본을 만들어 보내주었다.

내가 어릴 적만 해도 (우리 동네는)[9] 네것 내것 따지지 않았다. '무엇이 없다'고 하면 '응 우리 집에 있어!'하고 주었다. 누구 할아버지 누구 아버지 그렇게 부르지 않고 회장 할아버지 천장뻿대기 할아버지, 송뜸 할아버지. 삼거리 할아버지, 어디 할머니, 어디 아주머니, 사거리 요셉이, 큰고랑 요왕이라 하였다. 왜일까? 한 가족 같이 인심이 좋았기 때문이다.

(6·25 때 인민군이 이 지역에 진주하였을 때) 동네 좌익위원장이 (우리) 할아버지한테 몰래 와서 '아저씨 오늘밤은 위험하니 산에 올라가 주무세요!' 하였다. 그래서 할아버지가 할머니 대신 나를 데리고 산에 올라가 이틀 저녁을 자고 (내려) 왔다.……어디 위원장이 우리 집만 그리했겠나? 모모한 집은 다 다니면서 그리했을 것이다. 그래서 (인민군 치하에서) 동네 우익들이 죽지 않았다. 그분은 자기 목숨을 걸고 그리했던

---

[9] ( )은 필자 강조.

것이다.

　수복이 되자 경찰이 그분을 잡아갔다. 그러자 그분 때문에 살아난 사람들이 모두 달려가 그분을 풀어달라고 요구하며 (그의 살신성인 사례를) 증언하였다. 그러니 경찰도 그를 풀어주지 않을 수 없었다. 그분은 동네 인민위원회 총책으로 자기 목숨을 걸고 많은 사람의 목숨을 구했다. …… 해미면 여러 부락 중 왜 유독 윗 대곡리만 아무도 안 죽었을까? 무어니 무어니 해도 신자 동네였기 때문에 가능했을 것이다.[10]

　교우촌 시절부터 신앙으로 맺어진 관계가 전쟁 중 비극을 막은 사례다. 필자가 천주교 사례를 계속 수집 중이니 앞으로 이런 사례를 더 많이 찾을 수 있을 것이다.

마을 공동체와 어른의 존재

　국내에서 6·25전쟁기에 일어난 민간인 학살을 연구하는 학자의 숫자는 손가락으로 꼽을 정도로 적다. 늘 남을 죽인 이야기, 죽임을 당한 이야기를 들어야 하니 마음이 편치 않아서일 것이다. 나도 이런 이야기를 반복적으로 읽고 들으면서 우울감을 종종 경험한다. 당시 가해자들이 여전히 권력을 쥐고 날이 시퍼런 칼을 휘두르는 세상이라 무슨 꼴을 당할지 알 수 없는 것도 이유일지 모르겠다. 무엇보다 이런 일은 연구해 봐야 돈이 되지 않는다. 한마디로 장래성이

---

10 정원, 『꿈결 같은 80년 인생살이』(2020), 42~43쪽.

없다. '다 지난 일을 들춰 무엇하겠는가' 하는 사회 분위기도 큰 영향을 주고 있을 것이다.

이런 분위기에서 한 개신교 성직자가 젊은 나이에 이 일에 뛰어들었다. 최태육 목사다. 그는 감리교에서 목사 안수를 받고 30대 초반에 강화 교동도에서 목회를 시작했다. 그는 거기서 교인끼리 알 수 없는 이유로 갈등하는 모습을 종종 목격하였다. 그는 이에 의문을 품고 원인을 찾아보기 시작했다. 그러다 6·25전쟁 시기에 이 지역에서 일어난 민간인 학살에 대해 알게 되었다. 그가 경험한 일이다.

> 우리 교회 신자 할머니 가운데 한 분이 임종을 맞게 되어 저하고 직분이 있는 신자 몇 분이 그 집을 찾아가게 되었어요. 우리가 방에 들어서자 반듯하게 누워 있던 그 할머니가 숨이 잦아드는 그 순간에도 홱 돌아누우시는 거예요. 깜짝 놀랐죠. 그 할머니는 끝까지 우리와 등을 돌리신 채 돌아가셨어요. 이유를 알 수 없었지요. 장례가 끝나고 나서 그 할머니 딸한테 이야기를 듣고 그 상황을 이해할 수 있었어요. 그 할머니 남편이 전쟁 중에 우리 일행 가운데 한 신자분이 관여한 반공 단체원들에게 죽임을 당하신 거였어요. 그래서 할머니는 그 순간에도 그 신자를 용서하지 못해 등을 돌리신 거였지요.

그는 이런 사례를 하나둘 알아가면서 민간인 학살 문제를 본격적으로 연구하기 시작했다. 그 결과 6·25전쟁 전후 민간인 학살을 명령하는 위치에 있던 정부 고위 인사들 가운데 개신교 신자들이 다수 있었다는 사실을 확인하게 되었다. 그는 이를 밝히는 여러 편의 논문을 발표하였다.

그런데 교단의 반응이 의외였다. 그의 이런 시도가 개신교를 욕되게 하는 소위 긁어 부스럼을 만드는 일이라는 비난이 쇄도하였다. 그를 교계에서 축출하라는 압력도 커졌다. 동료 목사들도 그를 외면했다. 분위기가 이렇게 되자 그가 먼저 목사직을 반납하였다. 그는 이렇게 사실상 교단에서 축출되었다. 그 이후 그는 10여 년 동안 진실화해위원회 조사관 일을 하였다. 그는 이때의 경험을 바탕으로 박사학위 논문을 썼다. 나는 그가 제공한 정보를 토대로 아산 지역에서 있었던 천주교인 관련 학살 사건을 다룰 수 있었다. 이 글도 그에게 빚을 졌다.

학살을 막은 아산 음봉의 'ㄷ' 마을

이 마을 사례는 최태육 박사가 당시 이 사건을 경험한 채씨 할아버지 증언을 채록한 것을 필자가 손을 보았다. 이 사례는 전쟁 전부터 튼튼한 마을 공동체와 지혜로운 어른의 존재가 갖는 중요성을 보여준다.

인민군이 아산에 진주하기 시작하자 동네 어른들이 먼저 모임을 가졌다. 이들은 동네 이장을 불러 무슨 일이 있어도 좌우 어느 쪽이든 서로 마음을 상하게 하는 일을 하지 말아 달라고 당부했다. 마을 주민 누구도 뺨 한 대를 때리지도 맞지도 말아야 할 것이라 하였다. 머잖아 인민군이 이 마을을 점령하였고 즉각 인민위원회가 조직되었다. 이장이 어른들의 권유로 인민위원장이 되었다. 바로 옆 동네에서는 마을 주민이 '궐기대회'에 끌려가 처형당하거나 마을에서 쫓겨나는 일이 일어나고 있었다. 이 마을에서도 인민군이 반동분자를 색출하라고 윽박질렀다.

그런데도 이 인민위원장은 누구도 반동으로 지목하지 않았다. 그 덕에 누구도 목숨을 잃지 않았다.

1950년 9월 말이 되자 유엔군이 인천상륙작전 성공으로 북진하게 되면서 이 마을에도 다시 국군과 경찰이 들어왔다. 다시 돌아온 경찰은 마을별로 조직된 자치치안대원과 부역자 심사위원들에게 인민군 점령기에 부역했던 사람들, 인민위원장, 민청, 여맹 가입자, 농지 개혁에 참여한 인사 등의 체포를 지시했다. 이로 인해 음봉면 전체에서 부역 혐의자들이 대거 면소재지로 이송되어 학살당했다.

그런데 이 마을에서만 피해가 없었다. 동네 어른과 주민들이 한마음으로 이들을 보호했기 때문이다. 인민위원장, 민청, 여맹에 가입했던 주민 모두가 무사했다.

최태육 박사는 이 마을에서 이 일이 가능했던 이유를 "이 마을에는 오랜 전통이 있었어요. 무슨 일이 있으면 마을 주민 전체가 함께 의논하는 문화가 있었지요. 이런 문화는 전쟁이 끝난 후에도 계속되었어요"라고 증언한다. 이는 평소 주민끼리 맺는 평화적 관계와 소통이 중요함을 보여주는 좋은 사례다.

학살을 당하고도 보복하지 않은 예산 광시마을 박씨 집안

예산 'ㅇ' 마을의 박ㅇ희와 박ㅇㅇ는 한국전쟁 당시 13세였다. 그들의 증언이다.

전쟁 초기 인민군이 점령하고 있을 때는 마을 사람 누구도 희생되지 않았다. 그러나 수복 직후 박ㅇ희와 같은 그의 집안 사람 20여 명을 포함 30여 명이 학살당했다. 이 마을 박씨는 모두 박헌영과 먼 친척이었다. 인민군이 점령하고 있을 때 박씨 집안에서 좌익 활동을 하던 사람이 마을회관에 우익 주민을 데려다 놓고 궐기대회(인민재판)를 한 것이 유일했다. 이 대회에서 마을 사람 몇이 추방당하고 안씨라는 사람이 심하게 구타당하는 일이 일어났다.

전세가 바뀌어 군인과 경찰이 이 마을을 수복하자 안씨는 자신을 때린 사람과 그의 친척들을 부역자로 지목했다. 그러자 광시면에서 온 치안대가 이들을 지서로 연행해 처형했다. 안씨의 손가락 총으로 수십 명의 박씨 집안과 마을 주민이 희생된 것이다.

희생자가 많았던 박씨 집안에서는 손가락 총을 쏜 안씨에 대해 억하심정이 있을 수 있었다. 그러나 박씨들은 보복하지 않았다. 오히려 안씨 집안에 일이 있을 때마다 도왔다. 박씨들이 안씨와 그의 집안을 품어 보복이 일어나지 않았다.

최태육 박사는 이 일을 집안 식구들이 몰살에 가까운 학살을 당했음에도 보복을 자제하고 갈등의 씨앗을 자녀들에게 물려주지 않은 사례로 평가한다.

인간성을 지킨다는 것

우리 민족은 500여만 명이 죽거나 다치는 참혹한 전쟁을 치렀다. 이 숫자면 우리 국민 대부분이 가족 중 한 명 이상이 피해를 입었다는 것을 의미한다. 이런 피해는 전투 중 일어나는 것이 상례지

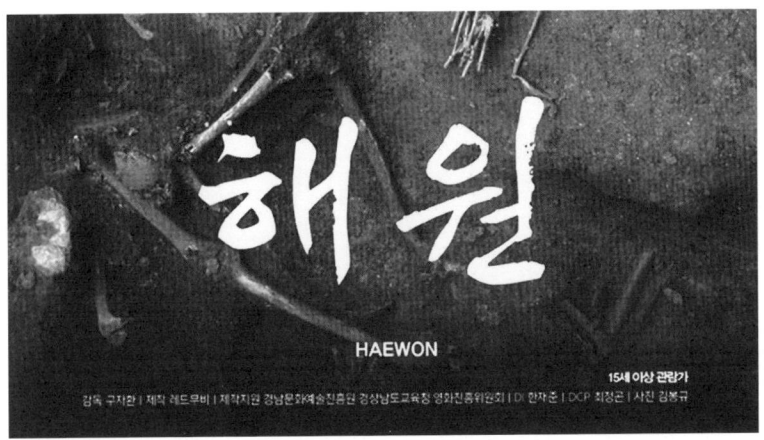

6·25 전후로 일어난 민간인 학살 역사를 다룬 구자환 감독의 영화.

만 우린 달랐다. 적대 세력보다 국가 폭력에 의한 피해가 더 많았기 때문이다. 그래서 마음이 쓰리다. 피해자들은 자기를 지켜주어야 할 공권력으로부터 목숨을 잃었다. 그들의 가족은 연좌제와 반공 정권의 패악질로 살아도 산목숨이 아니었다. 그래서 이들의 억울한 사연을 듣다 보면 우울감을 넘어 인간성에 회의를 품게 된다.

다행스럽게도 이 글에서 인간성에 대한 희망을 잃지 않게 하는 사례를 소개할 수 있었다. 물론 이는 극히 예외적인 사례였다. 그래도 이런 일이 가능하지 않은가? 그렇다면 아직 인간성에 대한 회의를 품기엔 이르지 않은가? 부디 신앙인들이 이런 인간성의 보루가 되어주길 소망한다.

14
평화지킴이 '진실화해평화'

2022년 미국 방문에서 알게 된 평화운동 단체 '진실화해평화(이하 진화평)'를 소개한다. 진화평 활동을 소개하기 위해 필자는 진화평 창립 주역 장기풍 선생(올해 82세)[1]과 그와 뜻을 같이하여 창립을 적극 주도하고 현재도 가장 활발히 이 단체를 이끌고 있는 신대식 목사(90세)[2]를 2023년 1월 20일 줌으로 인터뷰하였다. 두 분은 각각 뉴욕과 버지니아주에 살고 있다. 이 자리를 빌려 귀한 시간을 내주심에 감사드린다. 이 글은 인터뷰 내용에 기초하여 필자가 재구성하였다.

---

[1] 《평화신문》 미주지사 편집주간으로 15년 봉직 후 은퇴하였다. 고국 땅에서 140일간, 미국 46개 주, 캐나다, 쿠바 등 세계 18개국에 배낭여행을 다녀왔다. 현재 뉴욕에 거주하고 있다. 모바일 매체 《뉴스로》 세계 필진, 미주 '진실화해평화' 공동대표를 맡고 있으면서 글쓰기와 사회운동에 매진하고 있다.

[2] 4·19 혁명 주역이자 6·3 세대의 선두주자였다. 한민통(후신 민주회복통일촉진국민회의) 북미주 의장, 미국교회협의회 이산가족 위원회, 미국교회협의회 대표로 봉사하였다. 1991년에는 미국교회협의회 대표로 방북하였다. 미국 연합감리교단(UMC)에서 은퇴하여 현재는 '함석헌 사상연구회' 회장, 진실화해평화 공동대표로 봉사하고 있다. 미국 버지니아주에 거주하고 있다.

전화평의 설립 동기

진화평은 장기풍 선생이 학살 피해자였던 지인의 가정사를 듣게 되면서 시작되었다. 그의 지인은 앞에서 소개한 워싱턴의 '그'(이하 그)다. 장 선생은 그와 40년 지기다. 장 선생은 그와 오래 친분 관계를 유지해오면서 미국에서 나름 성공한 지인의 표정이 늘 어두운 것이 궁금하였다. 그러던 2018년

장기풍 선생

어느 봄날 워싱턴의 그가 장 선생에게 울먹이며 전화하였다.

그는 이 통화에서 자기 고향 아산에서 6·25전쟁 당시 학살당한 민간인들 유해 발굴을 하고 있다는 뉴스를 인터넷신문에서 보았는데 그곳에 가보아야 할지 어떨지 모르겠다며 장 선생에게 의사를 물었다. 그는 이곳이 그의 가족 열 명이 학살당한 곳이고, 자신도 학살 피해자 유족 가운데 한 명임을 40년 만에 처음으로 장 선생에게 고백하였다. 그는 자신이 학살 피해자 유족이라는 사실을 밝히면 교민사회나 성당에서 자신을 빨갱이 자식이라 따돌릴 것이 염려되어 그동안 이 사실을 밝히지 못하였다고 했다. 장 선생은 이 말을 듣고 "이 무슨 소린가! 그런 건 걱정하지 말고 어서 달려가 동생이나 어머니 유해만이라도 모셔 오는 게 좋겠다"고 조언했다. 워싱턴의 그는 이 조언을 따라 고향을 방문해 유해 발굴 현장을 돌아보고 두 달여 만에 돌아왔다. 안타깝게도 그는 그곳에서 가족의 유해를 찾을 수 없었다. 그래도 다행인 것은 그가 한국에 다녀오고 나서부터 새벽

신대식 목사

에 어린아이 우는 소리가 덜 들리게 되었다고 하였다. 장 선생은 그의 이야기를 듣고, "이건 정말 안 될 일이다. 우리가 무엇이라도 해서 이 사람들의 한을 풀어주고, 진실을 규명해 빨갱이라는 오명을 벗겨줘야겠다"고 결심하게 되었다.

이에 장 선생은 평소 교민사회에서 이런 역할을 해줄 만한 분들에게 연락을 취하고 취지를 설명하며 단체 설립을 제안하였다. 이때 가장 먼저 미국 동부에서 사회적 역할을 많이 하여 명성이 높았던 신 목사에게 제안을 드렸고, 그가 이 제안에 흔쾌히 동의해 창립 준비가 시작되었다. 이리 의기투합한 두 사람이 뜻을 같이할 만한 이들을 더 초대해 진화평을 창립했다.

진화평은 2018년 창립과 동시에 미국 버지니아주에 비영리단체로 등록하였다. 연방세무서에도 등록하여 비영리 민간단체 넘버를 받았다. 회원들은 주로 뉴욕에 거주하는 교민들이고 일부가 워싱턴과 버지니아주에 살고 있다. 재정은 외부 지원 없이 회원들이 십시일반으로 내는 회비에 의존하고 있다.

진화평의 활동 목적

세계 제2차 대전 후 일본의 식민지 지배에서 벗어난 한반도는 미국과 소련에 의해 분단된 상황에서 엄청난 비극을 경험했다. 특히 한국전쟁 전후 남북한을 통틀어 200만 명에 달하는 민간인들이 정부와 민간 조직에 의해 아무런 재판절차 없이 집단 학살되었다. 따라서 우리의 목표는 한반도 민간인 학살에 대한 역사적 규명과 가족을 잃고도 사회적 편견과 불이익 속에서 하층민으로 살아온 유족들의 명예 회복과 함께 역사에 대한 올바른 인식을 널리 알리는 데 있다. 아울러 이를 위한 홍보, 교육 및 유족들에 대한 지원을 모색하고자 한다.[3]

이 인용문은 필자가 두 분으로부터 받은 진화평 정관 2조 '활동 목적'의 내용이다. 이 조항에 따르면 진화평은 세 가지 목적을 가지고 있다. 첫째, 6·25전쟁 전후로 남북 모두에서 양쪽의 공권력(민간 준군사조직 포함)이 민간인을 학살한 사건의 역사적 진실 규명이다. 둘째, 피학살자 유족들의 명예 회복이다. 셋째, 이 두 활동과 관련된 홍보, 교육, 유족 지원 활동이다.

이 목적을 단체명과 연결해보면 첫 번째 활동이 진실, 두 번째와 세 번째 활동이 화해에 해당한다. 진실이 규명되고, 가해자와 피해자의 화해가 이뤄지면 그때 비로소 평화가 찾아오므로 이 단체 명칭은 '진실 규명→가해자 사과(국가의 사과 포함), 피해자 배상·보상→피해자의 용서→가해자(또는 국가)와 피해자의 화해→평화'로 이르는 과정을 함축하는 셈이다.

장 선생은 '6·25전쟁 당시 재판절차 없이 민간인을 무차별 학살한 사건들의 진상을 규명하여 피해자들에게 씌운 빨갱이라는 누

---

[3] 어법을 맞추기 위해 저자가 일부 표현을 수정했다.

명을 벗겨주어야 화해가 되고 그래야 평화가 오는데 이 작업이 참 더디다. 지금도 한국이 둘로 갈라져 대립하고 있는데 이렇게 갈라져 언제 평화가 오겠는가 싶어 이 문제를 시급히 해결하는 것이 필요하다고 생각해 이를 단체 설립 목적으로 삼았다'고 의미를 부연하였다.

신 목사도 진실 규명을 통한 피해자 명예 회복을 진화평의 최우선 목표로 삼았는데, 이를 반대하는 국민의 힘과 이 정당을 지지하는 세력들이 진상 규명을 방해하고 계속 은폐를 시도해 시간만 자꾸 지나가는 것을 안타까워하였다. 이러다 후세대들이 70여 년 전 일어난 일을 임진왜란 때 일어난 일처럼 아득하게 생각하지나 않을지 걱정하였다. 신 목사의 말이다.

피해자 유족과 그들의 후손이 연좌제에서는 벗어났을지 몰라도 심리적 정서적으로는 여전히 과거에서 벗어나지 못하고 있으니 진실 규명을 통해 이들의 명예를 회복하는 것이 중요합니다. 그래서 정부가 공식적으로 피해자와 그 유족들에게 사과하고, 이제 당신들은 더 이상 빨갱이라는 누명에서 고생하지 않아도 된다고 선언하게 하는 것이 첫 번째 목적이었습니다. 이런 일을 후세대들이 잊지 않도록 교과서에 이 사실을 수록하게 만드는 것이 두 번째 목적이었습니다. 유가족들은 명예회복 외에 국가에 배상과 보상도 요청하고 있는데 우리 단체는 배상, 보상 문제는 다루지 않고 대신 진상 규명에만 집중하기로 회원들이 합의했습니다. 이 합의 결과를 정관 목적에 반영한 것입니다.

진화평의 주요 활동

진화평 회원들은 창립 후 역사 공부 특히 현대사를 함께 열심히 공부했다. 민간인 학살을 소재로 다큐멘터리 영화를 만든 감독을 미국에 초청해 다큐 상영회와 감독과의 대담을 진행하였다. 2022년 가을 〈태안〉을 만든 구자환 감독이 대표적 인물이다.[4] 진화평은 구 감독을 초청해 뉴욕, 워싱턴, 뉴저지에서 영화 상영회를 개최하고 감독과의 대화를 진행하였다.

유골 발굴 전문가인 박선주 교수도 초청해 워싱턴, 뉴욕에서 강연회를 개최하였다. 박선주 교수는 국방부에서 발주한 국군 유해 발굴 작업에도 여러 번 참여했지만 민간인 학살 유골 발굴에 더 많은 시간을 보낸 이 분야 최고 전문가다. 박 교수는 2021년 대전 산내

구자환 감독 다큐멘터리 영화 〈해원〉 워싱턴 상영회.

---

4 구 감독은 〈해원〉, 〈빨갱이 무덤(Red Tomb)〉과 〈태안〉을 통해 6·25전쟁기에 국가가 저지른 민간인 학살 사건들을 고발했다.

충남 아산군 배방면 집단 학살지를 방문한 장 선생과 신 목사.

곤령골 유해 발굴 책임자를 맡기도 했다.

    2019년에는 장 선생과 신 목사 두 분이 진화평 대표로 한 달 동안 한국을 방문하여 지역별로 조직돼 있는 유족회를 방문하고 이들과 함께 지역 내 학살터를 탐방하였다. 이 방문을 통해 이 시기에 벌어진 민간인 학살 배후에 미국이 있다는 사실, 학살 주체들 가운데 상당수가 친일파라는 사실을 확인하였다.

    이렇게 확인된 사실 특히 미국이 관여한 사실을 바탕으로 UN에서 콘퍼런스를 개최해 미국의 악행을 고발하고자 하였다. 이러한 활동이 미국의 직접 사과를 이끌어낼 수 없을지라도 한국에 있는 유족들에게는 힘이 되고, 유족들이 한국 정부에 압력을 가할 수 있는 근거로는 활용될 수 있기 때문이었다. 안타깝게도 코로나가 닥치면서 이 행사는 열리지 못하였다. 그러나 이런 활동이 유족에게 조금이라도 도움이 된다면 언제든 추진하려 하고 있다.

현재 한국에 있는 유족들, 이 활동을 지지하는 한국의 전문가들, 진화평 회원들이 참여하는 카톡 대화방이 운영되고 있다. 현재 120여 명 정도가 가입해 활동하고 있다. 대부분 유족회 임원과 유족들이다. 이 대화방에서는 정보교환이 주로 이뤄지고 있지만 온라인 전문가 초청 강연회, 대담 프로그램도 정기적으로 진행하고 있다. 일례로 2022년 성공회대학교 한홍구 교수와 구자환 감독을 초청하여 강의와 대담을 진행한 바 있다. 2023년에도 월 1회 온라인 초청 강의를 진행하였다.

현재 진화평에서 가장 주력하는 활동은 공교육에서 후세대들에게 이런 사건들을 가르칠 수 있도록 교과서에 실리게 만드는 일이다. 바른 역사 교육이 이런 일을 예방하는 데 기여할 것이라 보기 때문이다.

역사적 진실의 문제

진화평 정관의 목적에 '민간인 학살자 숫자'가 남북 합쳐 200만이라 적고 있다. 그래서 이에 대해 생각을 나누었다. 다음 내용은 대담 내용을 요약 정리한 것이다.

전쟁 중 남과 북에서 학살당한 이들은 이 숫자보다 훨씬 많다. 여기엔 직접 전투에 나섰던 군인, 경찰과 준군사조직에 소속된 민간인은 빠져 있다. 미국이 초토화 작전이라는 명목으로 폭격해 죽인 민간인 다수도 빠져 있다. 집안 전체가 몰살당해 피해 사실을 신고

할 수 없었던 이들도 이 수치에서 빠져 있다.

이 시기 무고하게 학살된 200만 명 가운데 120만 명은 남쪽에서 발생하였다. 이 숫자는 4·19 직후 출범한 제2공화국 시절 조사한 결과에 근거하고 있다. 이 명단은 5·16 쿠데타로 집권한 박정희 군사 정권이 소각해 숫자로만 남아 있다. 박정희 군부는 이 명단을 비롯해 당시 피해자 유족들이 세운 위령비들을 파괴하고 심지어 유족회 간부들을 옥에 가두었다. 집권 기간 내내 이들을 감시했음은 물론이다.

반공을 국시로 내세우며 공포정치를 일삼은 박정희 군부 정권이 10·26으로 종말을 맞았음에도 진실 규명은 2005년까지 기다려야 했다. 2005년 5월 3일 국회에서 의결된 '진실화해를 위한 과거사 정리 기본법(속칭 과거사법)'에 따라 2005년 12월 1일에 이르러서야 진실 화해를 위한 과거사 정리위원회(이하 진실화해위원회)가 출범했기 때문이다. 안타깝게도 북한에서 발생한 민간인 학살은 분단으로 인해 제대로 조사가 이뤄지지 않고 있다.

그러면 이들은 어떻게 학살되었는가? 남한에서 단일 규모로 가장 컸던 학살은 보도연맹 가입자들에 대한 학살이었다. 이 단체엔 과거 좌익 활동과 무관한 이들이 허다하였다. 그다음이 이미 형을 받아 전국 형무소에 복역 중이던 재소자들, 부역 혐의를 받은 이들과 그의 가족들이었다. 숫자로 보면 부역자와 부역자 가족이 가장 많았다. 부역 혐의와 관련 없이 피난 중에 임의로 학살당한 이들도 적지 않다. 이들의 학살이 아군의 전공(戰功)으로 둔갑한 경우도 흔하였다.

이들의 학살은 미군 지휘를 받은 군대, 이승만을 정점으로 내무

대구 10월 항쟁 유족회와 가진 간담회.

부 장관의 지휘를 받은 경찰, 마을 단위에서 경찰이 조직해 행동대원으로 활용했던 반공 청년단이 주도하였다. 이렇게 학살당한 이들은 거의 재판 없이 구금되어 폭행, 고문을 받다 총살당하거나 흉기와 둔기로 타살되었다. 이들은 소명할 기회조차 가질 수 없었다. 가해자들은 하나같이 이들을 빨갱이로 간주해 자신들이 벌인 학살을 정당화하였다. 학살 피해자 유족은 연좌제에 묶여 평생 신체적 위협, 멸시, 차별에 시달렸다.

그러면 왜 이 억울한 죽음에 대한 규명이 제대로 이뤄지지 않았을까? 가장 큰 원인은 동서 냉전과 남북 분단을 빌미로 남한의 반공 정권들이 진실 규명 시도를 봉쇄했기 때문이다. 군사 정권은 여차하면 이런 활동을 하는 이들을 빨갱이로 몰아 감옥에 가두고 사회생활에서 불이익을 주었기에 피해자와 유족들이 쉽게 나설 수 없었다.

공권력이 자국의 무력한 민간인들을 아무렇지 않게 죽이던 전쟁 시절의 기억을 여전히 간직하고 있는 이들에게 진실 규명 요구는 자칫 명을 재촉하는 일이 될 수 있었기 때문이다.

둘째는 가해자들이 전쟁이나 북한을 핑계로 자신의 잘못이 불가피한 것이었고 심지어 명예로운 일로 여기기 때문이다. 실제로 이들이 기억 투쟁의 승리자였고 모든 기억이 이들 중심으로 역사화되었기에 굳이 반성할 필요를 느끼지 않기 때문이다. 더욱이 자신들이 이런 부끄러운 행적을 발판으로 영화를 누렸거나 누리는 상황이라면 반성은 더욱 기대할 수 없는 일이다. 이들 가운데는 친일 행적을 덮기 위해 친미·반공으로 갈아탄 이들이 적지 않았기에 진실 규명은 그들이 드러냈던 과거의 민낯을 만천하에 폭로하는 일이 되고 말았다. 무엇보다 이들 배후에는 당시 학살을 지시하거나 묵인하였던 미국이 버티고 있다. 아직도 미국은 전쟁 시기에 자신들이 학살을 명령했던 기록들을 공개하지 않고 있다. 만일 신냉전이 되어 비슷한 상황이 되면 미국은 다시 이런 학살의 배후가 될 수 있다. 여전히 살아 있는 공포인 것이다. 이는 보수 세력에게나 피해자 유족에게나 마찬가지다. 이런 살아 있는 폭력이 배후에 있으니 보수 세력은 진실을 밝히러 나설 필요가 없다.

셋째는 고의든 회피든 이들을 옹호하는 일이 자신들에게 불이익을 가져다줄 것을 우려한 다수의 침묵이 원인이었다. 이들은 내막을 잘 모른다는 이유로 자신들의 침묵과 방관을 정당화하고 있다. 어떤 이들은 가해자들에 동조하여 역사 왜곡과 피해자 유족들에 대한 차별을 정당화한다. 이런 상황인 터라 유족들이 진실을 규명하는 일은 여전히 위험한 시도다. 그래서 진화평 같은 단체들의 지지와 지원이 소중한 것이다.

화해가 가능할까?

가톨릭에서는 가해자가 자신이 지은 죄를 인정하고 피해자에게 입힌 피해를 배상·보상하며 용서를 구하는 것을 화해의 일차 조건으로 본다. 이렇게 용서를 구하더라도 피해자가 가해자를 용서하지 않으면 화해는 이뤄지지 않는다. 화해는 관계를 온전히 회복하는 것인데, 가해자가 성의를 보이더라도 피해자가 받아들이지 않으면 화해는 성립되지 않는다.

민간인 학살 사건에서도 더러 화해 시도가 이뤄지긴 했지만 대부분 가해자가 피해자에게 화해를 종용하는 경우였다. 이 정도 성의를 보이면 피해자가 사과를 받아주고 없던 일로 해줘야 하는 게 아닌가 하는 식이다. 현 정부가 추진하는 일제 강점기 강제 동원 피해자들, 위안부 할머니들에 대하여 화해를 종용하는 경우가 대표적이다. 정작 가해자는 사실을 인정하기는커녕 부인하는 현실에서 당사자도 아닌 피해자 정부가 화해를 종용하는 것은 어불성설이다.

대부분의 역사적 사건에서 가해자는 자신의 잘못을 인정하는 경우가 드물다. 소위 선진국이라 불리는 나라들은 과거 자기들의 식민지에서 벌인 학살 만행에 대해 사과한 적이 없다. 과거사 반성의 모범이라 불리는 독일도 패전 후 20여 년 이상 자신의 잘못을 공개 고백한 적이 없다. 승전국은 더욱이 사과에 인색하다. 증거가 명확해 발뺌할 수 없는 경우에만 마지못해 사과 아닌 유감을 표명하는 정도에 그친다.

이런 분위기는 남북도 마찬가지다. 전쟁을 치른 나라들은 하나같이 종전 후 기득권 세력이 교체되었다. 그런데 남북은 전쟁 전 기득권 세력이 전후에도 계속 권력을 유지하였다. 오히려 더 강화되는 기이한 체험을 했다. 이런 나라에서 가해자가 자신의 과오를 인정하고 사과와 용서를 청하는 일은 매우 드문 일이 될 수밖에 없다. 더욱이 적대 세력에게 저지른 일이라면 반성의 여지는 크게 좁아진다. 남한의 경우 이들이 여전히 막강한 힘을 지니고 있고 그들 배후에 여전히 미국이 있다. 그러니 굳이 반성할 필요를 못 느낀다.

이렇게 가해자의 반성, 사과가 없으니 화해는 난망이다. 진보 정부가 들어설 때만 잠시 시늉을 할 뿐이다. 이런 때조차도 보수 세력의 물타기와 방해가 계속되기 때문이다. 이것이 피해 유족들이 진실 규명부터 난항을 겪는 이유다.

양심 세력의 연대가 필요한 진실 규명

국민 다수는 70여 년 전 있었던 일에 관심이 적다. 살기 바빠서일 수 있고 여전히 휘발성을 가진 일에 연루되어 곤란을 겪고 싶지 않다는 생각 때문일 수도 있다. 게다가 동족상잔의 책임을 온전히 북한에 미루는 역사 인식이 지배하는 현실에서 이를 거스르는 일은 위험을 감수해야 하는 일이기도 하다. 그러다 보니 개명한 세상인 지금에도 진실 규명은 유족만의 몫이 되었다. 더러 이들을 옹호하는 개인과 일부 단체가 있긴 하지만 그 숫자는 미미하다. 그래서 진화평 같은 단체가 귀하다.

    현 단계 남한사회가 겪는 극단적 분열의 큰 계기 가운데 하나를 6·25전쟁이 제공했다. 이 때문에 이 시기에 있었던 비극적 사건들의 진실 규명은 남한 내의 평화뿐 아니라 남북의 평화 통일을 위해서도 긴요한 일이다. 여전히 살아 있는 이 분단 트라우마를 해결하는 일이 한반도에서 실현해야 할 '적극적 평화(positive peace)'의 출발점이라는 것이다. 따라서 진실 규명과 화해는 유족들에게만 맡겨둘 일이 아니다. 이런 의미에서 진화평의 존재와 활동은 좋은 모범이다.

15
기억 전쟁의 현장을 다녀오다

2023년 10월 미국 '진실화해평화모임(진화평)'의 공동대표 장기풍 선생이 모처럼 한국을 방문했다. 선생은 개인적인 일도 있지만 충남 아산시 염치읍 서원리·산양리·백암리에서 한국전쟁기에 희생되신 분들의 유해 발굴 시작을 알리는 개토식에 참석하기 위해 일부러 짬을 냈다. 개토식은 25일에 있었다. 이날 행사에는 개신교에서 민간인 학살 문제라면 물불을 가리지 않고 나서는 목사 2명이 서울부터 우리와 동행하였다. 행사장에서 장 선생을 잘 아는 수녀 2명, 은퇴 사제 원주교구 김한기 신부까지 합류해 10여 명의 종교인이 내빈으로 참석했다. 이날 함께한 종교인은 개토식 직후 조촐하게 위령 예절을 진행했다.

기억 전쟁

죽고 죽이는 열전(熱戰)이 끝나면 이 죽고 죽임이 갖는 의미를

충남 아산시 염치읍 서원리·산양리·백암리 한국전쟁기 민간인 희생자 유해 발굴 현장.

자기식으로 해석하고 전유(專有)하기 위한 소리 없는 기나긴 전쟁이 시작된다. 기억과 기억의 역사화를 둘러싼 전쟁이다.

    가해자는 자신이 특별히 악해서가 아니라 상대방을 죽이지 않으면 살아남을 수 없는 전쟁의 속성상 살인이 불가피했다고 믿고 싶어 한다. 심한 경우 그가 적이었으니 죽어 마땅하다고 생각한다. 이들에게 그날 일어난 살인은 그저 '살기 위해 불가피했거나, 적에 동조한 반역자를 응징한 사건'에 불과하다. 그래도 사람이 사람을 죽인 일이 유쾌한 기억일 수는 없어선지 죄책감에서 벗어나려 안간힘을 쓴다. 개인적으로는 이 살인을 애국 행위나 정당방위로 합리화한다. 국가가 기념비, 훈·포상, 보훈, 공식 역사기록을 통해 이 사실을 역사화하면 슬그머니 그 뒤로 숨는다. 그래도 해결되지 않는 죄책감은 망각을 통해 깊은 무의식에 가둬둔다.

    반면 피해자 유족은 가해자와 달리 힘난한 전쟁을 치러야 한다.

기억 전쟁의 현장을 다녀오다 | 189

피해자 유족은 피해자가 그리 당한 게 억울한 일이었음을 증명해야 한다. 6·25전쟁 피해자들을 예로 들면 이런 경우다. '해방 후 좌익 활동에 관여한 적이 없고, 어떻게든 미군정이나 이승만 정권의 반공 활동에 협조해야 했으며, 전쟁 중에는 인민군이나 인민위원회에 참여하거나 부역한 적이 없어야 한다. 경찰과 군인에게 어떠한 형태로든 협조했어야 한다. 더 나아가 가족이나 가까운 친척 중에 좌익, 부역 활동을 한 사람이 없어야 한다. 보도연맹 가입자처럼 관(官)의 행정 실수가 없었고, 남의 모함이었다는 것도 확실해야 한다. 당연히 이를 입증할 수 있는 믿을 만한 증인과 증거가 있어야 한다.' 이 검증 기준을 적용해 그의 가족과 친척, 지인이 억울함을 입증하면 가까스로 '피해자'라는 라벨을 붙일 수 있다. 잘하면 거기에 '억울한' 형용사를 하나 더 붙일 수 있다. 그런들 이미 수십 년 동안 피해를 볼 만큼 본 유족들인데 이 라벨이 뭐 그리 대단한 보상일까?

그런데 만일 앞의 기준에 해당하는 기준 가운데 피해자에게 한 가지라도 걸려 있으면 소명 과정이 험난하다. 아무리 노력해도 '그럴 만해서 당했다'는 편견과 고정관념을 벗어나기 쉽지 않은 것이다. 세월이 흘렀다고는 하나 남한사회에는 반공, 반북 의식이 여전하지 않은가! 걸핏하면 자기와 생각이 다른 사람을 빨갱이, 좌빨, 종북으로 몰아 곤경에 빠트리려 하는 지경이 아닌가 말이다.

그래서 기억 전쟁에 나서는 이들은 대부분 부역자 가족, 친척, 지인이라는 이유로, 관의 행정 착오, 군경의 무분별한 학살로 죽임을 당한 이들의 유족이다. 이런 이들조차 50년 가까이 기다려 간신히 소명할 기회를 얻었다. 그러면 '죽을 만해서 죽은 이들이 있다는 말인가?' 물론 아니다.

기억 전쟁은 전쟁 중 있었던 사실(事實)의 해석을 둘러싸고 가해자와 피해자 유족이 치루는 전쟁이다. 피해자 유족은 억울함을 밝히기 위해, 가해자는 자신의 과오를 감추기 위해 사실을 유리하게 해석하려 든다. 가해자는 이런 기억 전쟁이 지금 누리는 지위와 평화를 한순간에 무너뜨릴 수 있는 위험한 일이기에 어떤 면에서 유족보다 더 간절하고 집요하다. 사회에서 존경과 부러움을 받는 지위에 올랐는데 그가 전쟁 때 그리 잔혹하고 파렴치한 일을 저질렀다는 사실이 그를 곤경에 빠트릴 수 있으니 말이다. 가족들이 그를 바라보는 시선은 어떠하겠는가? 그래서 그는 피해자보다 더 절박하게 자신의 행위를 정당화하고 피해자들이 그리 당할 만했다는 것을 밝히려 최선을 다한다. 게다가 이들은 이 사회의 기득권자로서 가지거나 누리는 수단을 이용해 기억 전쟁에서 승리하려 한다. 역설적이지만 이들이 필사적이면 필사적일수록 기억 전쟁에서는 약자의 위치에 놓인다. 시대가 변해 가해자가 오히려 자신의 무죄를 증명해야 할 상황이 되었기 때문이다.

기억 전쟁에서 개토식이 갖는 의미

이날 개토식에는 충남 지역에서 활동하는 거의 모든 유족회가 참여하였다. 이들은 당사자로서 또는 같은 일을 당한 이웃으로서 동병상련의 심정으로 이 행사에 참여하였다. 이 행사에서 눈에 띈 이들은 피해자 유족을 지원하는 활동을 하는 충남 지역 시민단체 관계자들이었다. 민간인 학살을 연구하는 역사학자, 우리와 같은 종교

고유제 모습.

인도 있었다. 정권이 바뀌기 전에는 아산시장도 이런 행사에 반드시 참석했다는데 이제는 발길을 끊었다고 한다.

이날 참석자들의 면면은 피해자 편에서 기억 전쟁을 수행하는 전투원의 구성을 잘 보여준다. 먼저 유족은 당사자로서 기억 전쟁의 전위에 서는데 단결을 잘할수록 승리 가능성이 높다. 둘째, 시민단체 관계자, 역사학자, 종교인은 지원군이다. 지원군 역시 숫자가 많고 활동이 활발할수록 이길 가능성이 높다. 특히 종교인의 역할이 중요한데 이런 일에서 종교인은 중립 이미지가 강해 힘을 보태면 싸움이 한결 수월해진다고 한다. 셋째, 언론, 논문, 책은 선전 도구인데 역시 빈도가 잦고 다양할수록 승리 가능성이 높다.

학살 사실이 명확하고 그 일이 일어난 장소가 분명해도 유족 마음대로 발굴 작업을 시작할 수 있는 것은 아니다. 학살지 주변 주민의 방해가 있거나 학살지가 사유지이면 그것도 가해자의 사유지라

관계자들의 개토 장면.

면 발굴할 수 없다. 설사 이런 여건을 어쩌다 갖춘다 해도 사건의 진상규명이 되지 않으면 반대에 부딪힌다. 특히 가해자 유족이 예민하다. 진상규명을 하려면 지원군의 도움을 받아 해당 국가 기관에 신고를 하고 이 기관의 조사를 거쳐야 한다. 이 과정이 몇 년씩 걸린다. 정권에 따라 보는 눈이 달라 우파 정권이 들어서면 조사 과정이 아예 중단되기 일쑤다. 이들은 재판 결과를 뒤집으려 혈안이 돼 있다. 조사가 끝나 진실이 밝혀지고 재심(再審) 신청을 하여 승소하면 발굴을 시작할 수 있다.

발굴은 개인적으로도 할 수 있는데 다만 비용이 많이 든다. 유해가 묻힌 곳은 대부분 골짜기라 그사이 홍수나 산사태가 났으면 매장 위치가 달라져 발굴 범위가 넓어질 수 있다. 넓어질수록 비용이 많이 들고 유골 발견 가능성도 낮아진다. 안타깝게도 유족들은 대부분 학살 당시 가장을 잃었고 연좌제 때문에 제대로 된 경제활동을 할 수 없었기에 여전히 가난하다. 따라서 예외적인 경우가 아니면 비용을 감당하지 못한다. 다행히 진실이 규명되어 국가의 재정지원을 받게 되면 국가가 하는 일이라 발굴지의 주인, 지역 주민 협조를 얻기 쉽다. 적어도 약속된 기간만은 발굴 작업에 몰두할 수 있다. 발굴이 끝나면 위령비도 세울 수 있다.

 이런 과정을 생각하면 개토식이 그리 가벼운 행사가 아님을 알 수 있다. 그렇다. 6·25전쟁 때 120여만 명이 학살되었고 학살지도 수천 곳이 넘는데 이런 행사를 가진 데는 수십 곳에 불과하다. 실제로 이날 개토식이 있기까지 유족회, 지원 단체, 역사학자, 언론의 역할이 컸다. 지역 주민의 협조도 지대한 역할을 했다. 아산 지역은 특히 1950년 10월에서 1951년 1월 사이에 학살이 많이 일어나 학살자도 목격자도 많은 편이다. 특히 이 시기에는 당사자보다 가족이나 친척들의 희생이 많아 지역 주민들도 이들의 억울함을 잘 알고 있다. 이런 조건이 다 모여 정부 예산을 받는 유해 발굴 작업을 시작할 수 있었다. 그래서 개토식은 기억 전쟁에서 이룩한 나름의 작은 승리를 기념하는 행사라 부를 만하다.

골로 간 이들을 위한 해원(解冤)

 '골로 간다', '골로 보낸다'는 말의 유래를 앞에서 소개한 바 있다. 여기서 '골'은 골짜기를 가리켰다. 6·25전쟁 때 군경과 군경에 협조한 일부 민간인이 부역 혐의자와 그들의 가족을 동네 으슥한 골짜기로 데려가 죽였다. 골짜기는 죽이는 사람 입장에선 다른 사람

눈을 피하고 유해를 처리하기 쉬운 장점이 있다. 목격자가 없으면 자신은 가해자가 아니라고 우길 수 있었다. '남이 죽였고 자기는 끌고만 갔다고 말할 수 있었다.' 죽은 사람은 많은데 죽인 사람은 거의 없는 역설이 나타나는 이유다. 으슥한 골짜기는 묻는 수고도 덜 할 수 있었다. 시신을 그냥 방치해도 썩는 냄새가 마을까지 다다르지 않을 수 있었다. 게다가 장소가 으슥하면 이후에도 사람들이 출입을 꺼린다. 이러한 이유로 마을 인근 골짜기는 6·25전쟁기에 손쉬운 살육 장소가 되었다. 또한 이 공간은 접근 불가 영역이었다. 유족들은 낙인을 각오해야 했기에, 다른 주민들은 공포의 대상이었기에 오랜 세월 이곳에 가까이 갈 수 없었다.

개토식이 끝나고 참석자들은 그곳에서 10여 리 떨어진 읍내로 나와 점심을 먹었다. 이 자리에는 그날의 일을 기억하는 90대 초반 노인이 참석했다. 그 노인은 개토식에 참석하지 않았는데 아직도 그날의 악몽이 떠올라 참석할 수 없었다고 했다.

안내를 맡은 향토사학자 홍 선생이 이 노인과 그 골짜기에 대해 나에게 다음과 같은 이야기를 들려주었다.

당시 사건을 목격한 노인.

이 할아버지는 그날 이후로 지금까지 그 동네에 한 번도 가지 않으셨

답니다. 친척 심지어 친구까지 줄줄이 줄에 묶여 군경의 총을 맞고 고꾸라지는 것을 보았으니 그럴 법도 하지요. 그래도 할아버지는 비가 많이 오면 그 장소가 훼손될까 걱정을 많이 하셨어요. 나중에라도 가족들이 유골을 찾아야 하는데 그러지 못할까 봐서였지요. 다행히 그 골짜기에는 큰물이 들지 않았고 산사태도 없어 유골이 거의 유실되지 않았어요. 발굴 전에 그 골짜기 근처에 사는 목격자들이 위치도 정확히 확인해주었으니 작업이 어렵진 않을 것 같아요.

그날 행사에 다녀온 이후 발굴 작업이 어느 정도 진행되었는지 따로 확인하진 못했다. 안타깝게도 그해 11월에 이른 한파가 몰려와 작업이 중단된 것으로 알고 있다. 이번 발굴 작업도 박선주 박사가 책임을 맡았다. 그는 다큐멘터리 영화 〈206: 사라지지 않는〉의 주인공인 발굴단 책임자다. 이 분야의 최고 전문가이기도 하다.

나는 발굴에 참여한 한 자원봉사자가 어느 언론과 한 인터뷰에서 발굴에 참여할 때마다 '발굴된 뼈들이 자신에게 말을 걸어온다는 느낌을 받는다'는 말에 감명을 받았다. 발굴된 뼈는 오랜 세월 누군가 자신을 찾아와 주기를, 찾아와 자신의 이야기를 들어주기를 기다려온 것처럼 반갑게 발굴자를 맞아주는 것 같다고 했다. 두개골을 들었을 때 턱뼈가 열리는 경우가 있는데 마치 그 모습이 자신에게 감사하며 웃어주는 것 같다고 했다. 그의 인상에 불과한 이야기지만 실제로 유골은 그에게 말을 걸어온 것일 수 있겠다는 생각도 든다.

이렇게 73년 만에 해 아래 드러난 유골이 당장 가족을 찾게 되는 것은 아니다. 가족을 찾으려면 유전자 검사를 해야 하는데 이미 가족이 세상을 떠났거나 수소문이 안 되는 경우 검사는 불가능하다.

가족들이 있어도 유전자 검사를 하려면 1억 원이 넘는 비용을 들여야 한다. 이 비용은 국가가 책임지지 않는다. 그래서 대강 추리기만 해 추모 시설이 생길 때까지 공공 기관의 수장고에 보관한다. 이처럼 발굴해도 당장 무엇을 할 수 있는 게 아니다.

그럼에도 발굴은 피해자와 유족에게 큰 위로가 된다. 비록 뼈만 남았어도 피해자에겐 누군가 자신의 이야기를 들어주었고 그의 죽음이 억울한 죽음이었다는 것을 이해하고 애도해주었기에 억울함이 조금이나마 가실 것이다. 진정한 해원은 아니지만 그래도 해원의 출발점은 되는 것이다. 유가족은 70여 년 동안 가까이 있어도 찾아보지 못하고 뼈라도 추려 제대로 묻어드리지 못한 미안함과 죄스러움을 덜 수 있다. 무엇보다 그들이 국가로부터 당해온 폭력을 만천하에 드러낼 수 있게 된 것이 작지만 위로가 될 것이다. 그래서 유해 발굴은 우리한테는 작은 일이지만 당사자들에게는 큰 의미가 있다.

지원군의 역할

점심식사를 마치고 나는 행사가 있어 급히 상경했다. 이때 유족회 회원이자 향토사학자인 홍 선생이 나를 아산역까지 차로 바래다주었다. 역까지 30분 정도 걸렸는데 그 시간에 많은 이야기를 나누었다. 그는 내게 다음과 같이 간곡하게 부탁했다.

박 선생님! 오늘 보셨잖아요. 이런 일은 유족들만의 힘으로는 안 됩니다. 지식인과 종교인의 역할이 중요합니다. 특히 종교인 역할이 중요합니다. 종교인이 관심을 가지고 힘을 보태면 발굴과 진상 규명 작업이 힘을 받을 수 있습니다. 특히 진실화해위원회 같은 곳이 제 역할을 할 수 있도록 영향력을 행사해주십시오. 진실 규명과 화해가 아니라 진실을 왜곡하고 불화를 조장하는 사람을 위원장 자리에 앉히는 정권은 제정신이 아닙니다. 정권이 바뀔 때마다 이 위원회의 방향과 활동이 극과 극으로 치달으니 진실 화해의 길은 멀기만 합니다. 저희 유족과 지역 시민단체는 정말 열심히 그리고 간절하게 활동하고 있습니다. 여러분이 이런 노력에 힘을 보태주십시오.

자신보다 능력이 없을 것 같은 나에게 이런 부탁을 하는 것을 듣고 마음이 몹시 무거웠다. 그나마 나는 이 나이가 되어 그것도 이 분야를 공부하고 나서야 진실을 알고 관심을 갖게 되었는데 별 관심 없는 분들이 이런 일에 관심을 가질 수 있을까 확신이 서지 않아 마음이 무거웠다. 그래도 희망을 잃지 않는 것이 그리스도인의 덕목이니 뭐라도 방법을 찾아 작게라도 보탬이 되어야 할 터. 그래서 이런 노력의 일환으로 개토식에 참석한 이야기를 장황하게 늘어놓았다. 우리의 관심이 필요하다.

기억과 기록 2

6·25전쟁의 트라우마
해원과 화해를 위하여

1판 1쇄 발행일 2025년 5월 12일

지은이 박문수
펴낸이 김원호

펴낸곳 우리신학연구소
등록 2006년 9월 29일(제2016-000337호)
주소 서울특별시 마포구 마포대로4가길 56, 102동 202호(마포동, 오성드림빌)
전화 02) 2672-8342~4
팩스 02) 2672-6945
이메일 woorith@gmail.com

ISBN 971-11-971732-6-4 93910

이 책은 저작권법에 의해 보호를 받는 저작물이므로 무단 전재와 무단 복제를 금합니다.